Simplesmente bipolar

Transmissão da Psicanálise
diretor: Marco Antonio Coutinho Jorge

Darian Leader

Simplesmente bipolar

Tradução
Vera Ribeiro

Revisão técnica
Marco Antonio Coutinho Jorge
Programa de Pós-graduação em Psicanálise/Uerj

1ª reimpressão

Para L, S e Y

Copyright © 2013 by Darian Leader

Tradução autorizada da primeira edição inglesa,
publicada em 2013 por Penguin, de Londres, Inglaterra

*Grafia atualizada segundo o Acordo Ortográfico da Língua Portuguesa
de 1990, que entrou em vigor no Brasil em 2009.*

Título original
Strictly Bipolar

Capa
Estúdio Insólito

Preparação
Juliana Romeiro

Revisão
Carolina Sampaio
Nina Lua

CIP-Brasil. Catalogação na fonte
Sindicato Nacional dos Editores de Livros, RJ

	Leader, Darian
L468s	Simplesmente bipolar/Darian Leader; revisão técnica de Marco Antonio Coutinho Jorge; tradução de Vera Ribeiro. – 1ª ed. – Rio de Janeiro: Zahar, 2015.
	(Transmissão da psicanálise)
	Tradução de: Strictly Bipolar.
	ISBN 978-85-378-1411-6
	1. Transtorno bipolar. 2. Transtorno bipolar – Aspectos psicológicos. I. Título. II. Série.
	CDD: 150.1952
15-18936	CDU: 159.964.2

Todos os direitos desta edição reservados à
EDITORA SCHWARCZ S.A.
Praça Floriano, 19, sala 3001 — Cinelândia
20031-050 — Rio de Janeiro — RJ
Telefone: (21) 3993-7510
www.companhiadasletras.com.br
www.blogdacompanhia.com.br
facebook.com/editorazahar
instagram.com/editorazahar
twitter.com/editorazahar

Sumário

Simplesmente bipolar   7

Notas   119
Agradecimentos   129
Sobre o autor   131

SE O PERÍODO PÓS-GUERRA foi chamado de "era da ansiedade", e as décadas de 1980 e 1990 de "era dos antidepressivos", vivemos agora em tempos bipolares. Um diagnóstico que antes se aplicava a menos de 1% da população teve um aumento drástico, estimando-se que quase 25% dos norte-americanos sofram de alguma forma de bipolaridade. Medicamentos para estabilizar o humor são prescritos rotineiramente para adultos e crianças, sendo que as receitas para crianças aumentaram 400% desde meados dos anos 1990, enquanto os diagnósticos globais tiveram uma alta de 4000%. A pergunta atual não é "Você é bipolar?", mas "Qual o seu grau de bipolaridade?".

Celebridades como Catherine Zeta-Jones, Stephen Fry, Jean-Claude van Damme, Demi Lovato, Adam Ant, Tom Fletcher e Linda Hamilton falam de seus problemas de bipolaridade, e tanto autobiografias quanto livros de autoajuda inundam o mercado. Carrie Mathison, agente da CIA no seriado *Homeland*, e Pat Solitano, o ex-professor do filme *O lado bom da vida*, são retratados como bipolares, e o transtorno chega a ser mencionado até mesmo no desenho infantil *Scooby-Doo*.

Enquanto isso, os manuais de administração de empresas advogam o cultivo de certo grau de mania, a fim de participar do mercado, e os executivos são efetivamente instruídos a praticar uma euforia maníaca para aumentar as vendas e a produtividade. Uma imagem da mídia retrata o magnata Ted Turner como um comandante naval furiosamente resoluto, e adverte que ele parou de tomar lítio, de modo que é melhor os seus concorrentes abrirem o olho! Em Hollywood, os astros visitam seus psiquiatras na companhia de seus agentes, os quais se certificam de que a medicação funcione para manter a mania em nível baixo, porém não *muito* baixo: mais do que em qualquer outro lugar, ali assistimos ao uso de um regime de medicamentos que se ajuste sob medida aos requisitos da carreira e do estilo de vida.[1]

A confiança, a euforia e a energia que caracterizam as fases iniciais da mania parecem adequar-se muito bem aos estímulos à realização, à produtividade e ao nível intenso de compromisso exigidos pelas empresas de hoje. Num mundo de competição feroz, no qual a estabilidade no emprego e a segurança vêm se desgastando progressivamente, os funcionários têm que provar seu valor, trabalhando por períodos cada vez mais longos e professando uma confiança sempre mais extasiada em seus projetos e produtos. Os inevitáveis dias de licença, decorrentes da exaustão e do abatimento, não são vistos como prova de que há algo errado, mas quase como parte do perfil do cargo.

Ao mesmo tempo, as próprias características que a psiquiatria clássica atribuía ao acesso maníaco emergem como as metas do desenvolvimento pessoal. Livros e terapias de autoajuda promovem as ideias de autoestima e de uma autoconfiança e bem-estar acentuados. Nada é impossível, dizem-nos, devemos seguir nossos sonhos. E, se antigamente o sintoma principal da mania era definido como a busca compulsiva do estabelecimento de uma ligação com outros seres humanos, hoje em dia isso é quase uma obrigação: se você não está no Facebook ou no Twitter, você deve ter algum problema. O que antes eram sinais clínicos de psicose maníaco-depressiva transformou-se na meta das terapias e do treinamento de estilo de vida.

Entretanto, além das novas incitações ao comportamento "maníaco", os portadores de depressão maníaca descrevem as terríveis fases depressivas e estados pesadelares de agitação que acompanham seus episódios. Os sentimentos de poder, confiança e conexão com o mundo que caracterizam a mania fazem a pessoa sentir-se extraordinariamente viva, ao mesmo tempo em que a deixam mais perto que nunca da morte. O paradoxo da bipolaridade já foi observado repetidas vezes: pergunte a um sujeito maníaco-depressivo se ele apertaria um botão para fazer sua bipolaridade desaparecer, se isso fosse possível, e muitos dirão que não. No entanto, pode ser que essas mesmas pessoas acabem sistematicamente internadas, depois de dilapidarem suas economias em desvarios de compras, de magoarem a família por abandono ou negligência ou de arriscarem a vida em algum ato desventurado de heroísmo ou hedonismo.

Como podemos entender essa nova onipresença de eus bipolares? Será que os altos e baixos da bipolaridade são consequência das mudanças na situação econômica, com os surtos continuados de energia substituindo a imagem mais tradicional do exercício estável de uma profissão? E, além do discurso quase sempre superficial sobre a "mania" no trabalho, haverá de fato uma bipolaridade real, a mesma que um dia os psiquiatras chamaram de psicose maníaco-depressiva? Talvez a bipolaridade pareça combinar com os ritmos estranhos e convulsivos da vida no começo do século XXI, mas, como qualquer pessoa que já tenha passado pela experiência da depressão maníaca pode dizer, trata-se de uma coisa séria.

Cem anos atrás, o termo "bipolar" era excepcionalmente raro. Foi usado na psiquiatria pela primeira vez no final do século XIX, mas ganhou destaque a partir da década de 1980, até se tornar uma palavra corriqueira nos anos 1990. Como se deu essa nova popularidade? Todos os historiadores da psiquiatria fizeram a mesma observação quanto a isso. Foi exatamente quando as patentes dos antidepressivos populares de maior vendagem começaram a expirar, em meados da década de 1990, que, de repente, o transtorno bipolar tornou-se o beneficiário dos vastos orçamentos de comercialização da indústria farmacêutica.

Surgiram sites na Internet para ajudar as pessoas a se diagnosticarem, e artigos em revistas e suplementos de jornais, todos fazendo referência ao transtorno bipolar como se ele fosse uma realidade – e quase todos eram financiados, na totalidade ou em parte, pela indústria farmacêutica. Questionários da Internet permitiam o autodiagnóstico em poucos minutos e, para muitas pessoas, foi como se suas dificuldades finalmente tivessem nome. Do mesmo modo que, nos anos 1980, tanta gente havia enfim compreendido que sofria de "depressão", na nova década o termo "bipolar" tornou-se o rótulo para designar o sofrimento sentido por uma nova geração.

A ironia é que, nos casos em que as drogas antidepressivas claramente não funcionavam, passou-se a afirmar que isso advinha de uma prescrição equivocada. Na verdade, esses pacientes eram bipolares, mas suas mudanças sutis de humor haviam escapado à atenção do médico que receitara a medicação. Entre 20 e 35% dos indivíduos diagnosticados com depressão na assistência primária de saúde passaram a ser vistos como portadores do transtorno bipolar. Como assinalou o psiquiatra David Healy, em vez de tentar produzir antidepressivos mais eficazes, a indústria optou por comercializar uma nova marca – um novo conjunto de transtornos, chamado "bipolar" –, em vez de um novo medicamento.[2]

Essa colonização exigiu uma proliferação de categorias bipolares. O transtorno bipolar tipo I foi comumente igualado à clássica doença maníaco-depressiva, mas o transtorno bipolar tipo II baixou drasticamente o limiar, exigindo meramente um episódio depressivo e um período de produtividade aumentada, inflação da autoestima e redução da necessidade de sono. Logo se seguiram os transtornos bipolares II,5, III, III,5, IV, V e VI. A ênfase crescente nas oscilações de humor, e não nos processos subjacentes, significou que um número cada vez maior de pessoas pôde ser abarcado no âmbito do transtorno bipolar. Hoje em dia, existe até o "bipolar leve", o que significa que o paciente "reage intensamente às perdas". Esse afrouxamento dos limites do diagnóstico gerou uma expansão colossal do mercado farmacêutico e lançou um convite generalizado a que os consumidores se vissem como bipolares.

Chegou-se até a inventar uma categoria – o transtorno bipolar tipo III – para designar aqueles cuja bipolaridade tinha sido revelada pelos antidepressivos. Tomar antidepressivos como Prozac intensificava os estados maníacos, mostrando com isso o diagnóstico verdadeiro e indicando que era necessário tomar um novo remédio, para estabilizar as oscilações de humor. É fato que, depois de iniciarem tratamento com uma droga antidepressiva, milhares de pessoas experimentaram estados de agitação angustiante e um fluxo acelerado de pensamentos invasivos, mas é claro que há uma grande diferença entre ver esses estados como efeitos isolados do medicamento ou como uma situação nuclear que o remédio simplesmente revelou.

O coelho tirado da cartola foi o anticonvulsivante valproato de sódio (Depakote), que recebeu uma patente para uso no tratamento da mania exatamente na época em que as patentes anteriores dos antidepressivos estavam expirando. Assim como a depressão tinha sido ativamente promovida no mercado como um transtorno por parte daqueles que ofereciam uma cura química para ela, agora o transtorno bipolar foi embrulhado e vendido junto com seu remédio. O lítio havia funcionado para alguns indivíduos, e não para outros, mas, sendo um elemento que ocorre na natureza, não podia ser patenteado. O valproato foi inicialmente proclamado como o medicamento mais inteligente e confiável, aquele que finalmente estabilizaria os altos e baixos do sujeito bipolar. A ele juntou-se rapidamente uma nova geração de drogas antipsicóticas, como a olanzapina, então licenciada para uso no transtorno bipolar.

Muitas pessoas acharam o valproato útil, assim como muitas acham que devem sua vida à dose certa de lítio, mas o problema aqui é que a nova cartografia da doença mental cobrou um preço alto. Quanto mais aumentaram os diagnósticos de bipolaridade, mais a antiga categoria da doença maníaco-depressiva se perdeu, ou, na melhor das hipóteses, tornou-se confusa. Um diagnóstico antes específico foi transformado num espectro cada vez mais vago de transtornos, e houve ainda um erro crucial aqui, que a psiquiatria dos primórdios, anterior ao século XX, havia assinalado na própria criação dos termos que depois viriam a ser equiparados ao rótulo "bipolar".

Na década de 1840, os psiquiatras franceses Jean-Pierre Falret e Jules Baillarger haviam introduzido os termos "loucura circular" e "loucura de forma dupla".[3] Os livros-padrão de história costumam afirmar que esses conceitos transformaram-se então na "insanidade maníaco-depressiva", assim conceitualizada por Emil Kraepelin e depois apropriada pela psiquiatria ocidental como "transtorno bipolar". Na verdade, porém, os argumentos fundamentais formulados por Falret e Baillarger foram exatamente o inverso dos de Kraepelin, bem como, a rigor, dos de psiquiatras posteriores. Suas categorias diagnósticas pretenderam mostrar que os altos e baixos não eram, em si mesmos, constitutivos da nova entidade que eles estavam tentando descrever. Seu trabalho criterioso almejava separar um tipo específico de "loucura" daquilo que parecia ser mania e depressão em outros transtornos.

Isso reflete com muita exatidão o que encontramos clinicamente. Sob as condições certas – ou erradas – qualquer pessoa pode tornar-se barulhenta, agitada, irrequieta, hiperativa e até perigosa. Se um paranoico, por exemplo, acha que tem uma mensagem importante para transmitir à humanidade e é bloqueado em suas tentativas de divulgá-la, pode ficar desesperado. Inibir ou impedir o esforço de transmitir uma verdade de gravidade global ou nacional pode produzir uma agitação que frequentemente é confundida com mania. Pense, por exemplo, nos efeitos de ser continuamente deixado em espera nas ligações para uma central telefônica e, em seguida, ser sistematicamente mal interpretado por seus atendentes. A mescla de raiva e aparente incoerência que isso produz é um dos sentidos clássicos do termo "mania".

Do mesmo modo, uma pessoa esquizofrênica pode ficar exultante e, em seguida, vivenciar um estado terrível de abatimento e desespero. Pode tornar-se barulhenta e falastrona, passando de um assunto para outro com visível descontrole. O sono e a alimentação podem ser progressivamente negligenciados, e talvez ela tenha a ideia de que é capaz de influenciar outras pessoas com o pensamento, por exemplo. Hoje, esses fenômenos são rotineiramente encontráveis nas descrições do transtorno bipolar, sendo desprezadas ou esquecidas as distinções e diferenciações feitas pelos psiquiatras anteriores.

Jean-Étienne Esquirol, predecessor de Falret e Baillarger, tinha feito todo o possível para tirar do termo "mania" o que via como seu significado frouxo e informal, e ao longo do século XIX a palavra se distinguiu dos estados de euforia, excitação e confusão mental agitada. Na verdade, observou-se que o abandono progressivo do cerceamento físico nos manicômios coincidiu com a diminuição do uso desse termo. Quanto menos o paciente era efetivamente impedido de se mexer, menos era descrito como "maníaco", o que sugeria que o termo, com muita frequência, tinha um sentido reativo: o sujeito tornava-se maníaco precisamente por ser obstruído ou contido de algum modo.

O mesmo se aplicava à depressão. Como sabiam Falret e Baillarger, qualquer um podia ficar abatido e mal-humorado. Aliás, não era isso uma das próprias consequências de ter sua atividade "maníaca" cerceada durante muito tempo? No entanto, os abatimentos da nova entidade clínica que eles estavam descrevendo eram diferentes. Havia menos insistência num tema ou queixa únicos, menos fixação num objeto singular – como a perda de um ente querido – do que na melancolia. Este último termo refere-se não a um estado de tristeza ensimesmada, porém a uma forma específica de psicose em que a pessoa fica presa num ataque implacável de autorrecriminação e autopunição, que ela frequentemente alardeia para os que a cercam.

O que os psiquiatras da Europa continental mostraram foi que os altos e baixos do humor não constituíam, por si sós, a estrutura maníaco-depressiva que eles estavam procurando circunscrever. Tratava-se menos de euforia e abatimento que da qualidade desses estados, da relação entre eles e, o que é mais importante, dos processos de pensamento subjacentes. Houve um esforço para ir além dos caprichos das oscilações de humor e do comportamento superficial, a fim de descobrir as motivações latentes da doença maníaco-depressiva e investigar a diferença que poderia haver entre elas, a melancolia e outras categorias diagnósticas.

Infelizmente, esses esforços de classificação foram solapados por Kraepelin, que afirmou que a mania e a melancolia, vistas juntas ou individualmente, eram ambas parte da mesma "doença". Os altos e baixos que tinham sido desenredados com tanto cuidado pelos psiquiatras franceses foram amontoados na categoria nova e exageradamente inclusiva que Kraepelin foi o primeiro a promover, e que até hoje ainda é largamente promulgada pelos textos-padrão da corrente dominante da psiquiatria ocidental como "transtorno bipolar". No entanto, se quisermos ter esperança de diferenciar a verdadeira doença maníaco-depressiva das muitas formas de transtorno bipolar que inundam o mercado dos diagnósticos, precisaremos voltar ao projeto original de distinguir suas euforias e depressões daquelas encontradas em outros tipos de estrutura psíquica.[4]

Reconhecer os problemas do diagnóstico do transtorno bipolar também esclarece o embaraço de multiplicar diagnósticos e medicamentos para uma mesma pessoa. Recentemente, um paciente me explicou que tomava lítio para a mania, olanzapina para a psicose, desmetilfenidato para o transtorno de atenção e sertralina para a depressão, como se seu próprio ser tivesse sido dividido na mesa de um anatomista. A antiga psiquiatria ridicularizaria tal dissecação, reconhecendo que existe uma doença chamada psicose maníaco-depressiva, a qual inclui a mania e, com frequência, as depressões, e que não se pode dividir a pessoa dessa maneira e receitar um medicamento para cada sintoma, como se eles fossem desvinculados uns dos outros.

Mas essa atomização, hoje em dia, com seu regime fragmentado de prescrições, constitui mais a regra do que a exceção. Em seu livro de memórias, *Electroboy*, o negociante de obras de arte Andy Behrman detalhou as 32 pílulas e cápsulas que tomava todos os dias, aos 34 anos de idade: Risperdal, um antipsicótico; Depakote, estabilizador das variações de humor; Neurontin, anticonvulsivante; Klonopin, para a ansiedade; BuSpar, também para a ansiedade; Ambien, para facilitar o sono; e mais três medicamentos para neutralizar os efeitos colaterais dos outros: Symmetrel, para a síndrome de Parkinson; Propanolol, para os tremores; e Benadryl, para a rigidez muscular. Tudo isso era resultado de anos de "tentativa e erro", como se o importante fossem as partes da pessoa, e não o todo.[5]

Corpo e psique são hoje vistos como agregados, com a intervenção psiquiátrica visando atingir sintomas isolados e promover um treinamento do estilo de vida, para acrescentar ou retirar do eu aspectos desejados ou indesejados. A escritora norte-americana Lizzie Simon, que recebeu um diagnóstico de transtorno bipolar na adolescência, viria mais tarde a percorrer o país para conversar com outras pessoas que haviam passado por experiências similares. Quando um de seus entrevistados lhe diz "Sou simplesmente bipolar, não há mais nada acontecendo comigo", o faz nesse contexto de uma estrutura médica e cultural que divide incessantemente, que sempre busca mais sintomas para segregar e extirpar, sem reconhecer a ligação entre eles.

Isso significa que os profissionais de saúde preocupam-se quase exclusivamente com a dosagem precisa dos remédios, buscando o exato equilíbrio medicamentoso que possa funcionar para o paciente e alcançar o melhor equilíbrio emocional. É possível que os efeitos dos medicamentos, seus efeitos colaterais e suas compatibilidades sejam discutidos com minúcia. Talvez os pacientes se sintam envolvidos e cuidados nessas interações, mas há algo que está na cara e ninguém quer ver: a conversa inteira gira em torno do que os remédios os fazem sentir, e não do que sentiam originalmente, antes de ingerirem as drogas.

Depois que se entra no mercado farmacêutico, não raro há pouca esperança de retorno, pois as prioridades do tratamento concentram-se na busca do coquetel que funcione melhor. No entanto, as pessoas diagnosticadas com transtorno bipolar têm a taxa mais alta de não observância das recomendações médicas dentre os grupos de pacientes, fato este que gera uma retórica interminável, dirigida aos pacientes por médicos e grupos de apoio, sobre a importância de tomar a medicação. Por que essa desobediência? Será que se deve aos desagradáveis efeitos colaterais dos remédios?

É verdade que o lítio e outros medicamentos estão longe de ser a solução mágica: a pessoa pode se sentir desligada de si mesma, apática ou estranhamente ausente. Pode haver aumento de peso e toda sorte de outros problemas, que mais alguns remédios procurarão regular. Por outro lado, há pessoas que têm poucos desses efeitos colaterais e não protestam contra esses regimes. Mas ocorre que as informações sobre os efeitos colaterais de certas drogas, ou sobre a inexistência de efeitos, aliás, são notoriamente duvidosas. É sabido que as pessoas mais pobres são menos propensas a reclamar de efeitos colaterais do que as mais ricas, e que os médicos só informam as agências reguladoras sobre efeitos adversos em um em cada cem casos. Como observou David Healy, isso faz com que, hoje em dia, rastrear uma encomenda enviada pelo correio seja mais preciso do que monitorar os efeitos de uma medicação que talvez tenhamos de tomar diariamente, pelo resto da vida.[6]

Há também a possibilidade de que a não observância da orientação médica se deva à atração de estar nos estágios iniciais da mania e à negação de seus efeitos devastadores. O episódio maníaco pode dar à pessoa a sensação de estar autenticamente viva e conectada com o mundo, de haver descoberto sua verdadeira identidade pela primeira vez. Abrir mão disso pode ser difícil e, nos intervalos entre os episódios maníacos, ou entre eles e os episódios depressivos, também pode haver esquecimento da agonia trazida pela excitação maníaca ou da dor dilacerante da fase depressiva.

Essas são questões que não se deve ignorar, pois nos obrigam a pensar na relação da pessoa com os fenômenos da depressão maníaca, e não, simplesmente, em quanto os medicamentos são bons ou maus. Em vez de perguntar se um medicamento modera a aceleração das ideias ou a agitação desesperadora, devemos indagar quais são essas ideias, na verdade, e como vieram a dominar o sujeito. Quando alguém gasta uma fortuna num desvario de compras, devemos perguntar o que comprou e por quê. Se o indivíduo diz que tem um plano infalível para uma nova empresa global, devemos perguntar qual é ela e como a ideia lhe ocorreu. Esse trabalho demorado e detalhado é a única maneira de sabermos mais sobre a doença maníaco-depressiva.

Enquanto as drogas visam controlar e administrar o comportamento, a abordagem analítica almeja compreendê-lo e, esperamos, usar essa compreensão para encontrar novas maneiras de ajudar a pessoa situada numa fronteira estreita de experiências, que podem ser, ao mesmo tempo, apavorantes e empolgantes, cheias de afirmação de vida e totalmente letais.

COMECEMOS PELA MANIA. Se dissociarmos o termo dos estados de inquietação, desespero e turbulência que, no passado, tantas vezes ele foi usado para descrever, o que descobriremos? Para Andy Behrman, que documentou com riqueza de detalhes as espirais da depressão maníaca, sua mente "fervilha de ideias e necessidades que mudam rapidamente; minha cabeça fica abarrotada de cores brilhantes, imagens fantásticas, ideias bizarras, detalhes nítidos, códigos secretos, símbolos e línguas estrangeiras. Quero devorar tudo: festas, gente, revistas, livros, música, arte, cinema e televisão".

Para Behrman, estar num episódio maníaco "é como ter os óculos de grau mais perfeitos para ver o mundo. Tudo tem contornos precisos ... meus sentidos ficam tão aguçados, eu me sinto tão desperto e alerta, que meus cílios roçando o travesseiro soam como uma trovoada". Para Terri Cheney, a advogada maníaco-depressiva de Beverly Hills que abandonou um emprego de excelente remuneração para se dedicar à defesa da saúde mental, a mania "acende todas as terminações nervosas. A mais ínfima sensação parece uma erupção vulcânica." A pessoa se pergunta se algum dia já ouviu, tocou ou enxergou, tão diferente é sua nova percepção do mundo. É como se ela houvesse renascido, como se esse fosse o seu primeiríssimo dia de vida.

Para Stephen Fry, que escreveu sobre "a liberdade, a expansividade, a energia e o otimismo" da mania, "somos os reis do mundo, não há nada fora do nosso alcance, a sociedade é lenta demais para nossa mente acelerada, tudo está ligado numa rede de cor, criatividade e sentido gloriosos". Uma nova confiança sustenta o sujeito maníaco. "Você realmente consegue correr mais depressa", disse um maníaco-depressivo. "Que espécie de doença faz algo assim? Isso mostra o que há dentro de nós, aquilo de que somos capazes. Todos temos os sentidos muito embotados. O que quer que seja uma pessoa maníaca, ela está *viva*." E essa vitalidade absoluta turbina a fala. Falar torna-se fácil, as palavras saem com uma nova fluência, já não há silêncio. Como diz Terri Cheney, "eu queria falar, precisava falar, as palavras exerciam tamanha pressão no céu da boca que era como se eu tivesse de cuspir para respirar".[7]

Abundam ideias e projetos, nada parece impossível, e o sujeito maníaco pode embarcar num sem-número de esquemas criativos ou empresariais, gastando grandes somas que, não raro, pegam emprestadas com familiares, amigos ou bancos. O futuro parece muito promissor, cheio de certezas de sucesso, riqueza e realização. Nesse caso, a empolgação é volitiva, imbuída do sentimento inflamado de ter um objetivo.

As barreiras usuais que impedem a pessoa de correr riscos desaparecem. Nenhum adversário ou obstáculo parece invencível ou insuperável. Tudo corre tão bem que, em alguns casos, um novo estilo de vida pode se cristalizar, quase da noite para o dia, com frequência para consternação e perplexidade de familiares e amigos. De uma quitinete modesta, o sujeito maníaco pode se mudar para um apartamento suntuoso no West End, região nobre de Londres, vestindo-se e fazendo refeições como um milionário. As contas são pagas em dinheiro, com enormes gorjetas deixadas em cafés e restaurantes, e a pessoa entabula conversas quase em qualquer lugar, como se todos fossem grandes amigos ou amantes em potencial.

Os encontros e as propostas sexuais podem se multiplicar, mas, em geral, sem grande desejo de que perdurem. À medida que abundam essas mudanças em relação à vida pré-maníaca, as outras pessoas podem se tornar presentes demais: surgem atritos com parceiros sexuais, com companheiros de trabalho ou bancos que querem seu dinheiro de volta, com amigos que ficam fartos do que parece ser uma conduta narcísica e autoindulgente, e com interlocutores que se cansam de funcionar como caixas de ressonância para esquemas e projetos grandiosos. A euforia maníaca adquire um toque de angústia. Pequenos empecilhos são amplificados, desencadeando iras e explosões violentas. Aumentam as ideias paranoides. E, nesse ponto, as coisas mostram ter ido longe demais.

Como explicou um dos entrevistados de Lizzie Simon: "Eu tinha a sensação de estar num trem de carga. Não conseguia guiá-lo. Não conseguia fazê-lo parar."[8] É uma imagem apavorante. O escritor escocês Brian Adams resumiu essa curva da mania em seu brutal livro de memórias, *The Pits and the Pendulum* ["Os fossos e o pêndulo"]. Após uma noite de farra e cantorias no *pub* local, ele voltou para casa e fez um chá, sentindo-se alegre, ainda cantando, mas, "de repente, comecei a aplaudir com movimentos largos, batendo as palmas das mãos com toda a força que tinha: devagar, com violência, de maneira incontrolável". Logo ele estava cortando os braços e o rosto com um estilete. A euforia temporária havia escalado para algo de um horror indizível. Como disse um de meus pacientes, a mania parece um foguete que dispara roncando no espaço, esplêndido, irrefreável, e depois se desintegra em erupções de fogo, fumaça e detritos, como a explosão daquele malfadado ônibus espacial, que ele vira pela televisão quando criança.

Para explorar a experiência da mania, precisamos escutar com cuidado esses relatos, evitando as equações vagas da conduta ruidosa ou eufórica com a mania como tal. Vários temas parecem constantes aqui: a sensação do vínculo com outras pessoas e com o mundo; o dispêndio de dinheiro, que em geral a pessoa não tem; o grande apetite, seja de comida, sexo ou palavras; a reinvenção de si mesmo, a criação de uma nova persona, como se o sujeito fosse outro; a fluência verbal e o súbito pendor para os chistes e trocadilhos; o movimento em direção às ideias paranoides, aparentemente ausente no começo da curva maníaca.

Talvez o mais marcante nisso seja a ideia de uma interligação das coisas. As cores, imagens, símbolos e códigos evocados por Behrman importam menos pelo que são do que por estarem interligados. Na mania, tudo parece deliberadamente ligado, de alguma forma, como se um imenso jogo de unir os pontinhos se completasse de repente, revelando uma figura que ninguém havia notado até então. Como descreveu Calvin Dunn, ativista norte-americano da luta pela saúde mental, em sua autobiografia *Losing My Mind* ["Perdendo a razão"], "era como se tudo significasse alguma coisa, cada som que eu ouvia e tudo o que via, e era como se tudo fizesse sentido e se interligasse de algum modo".[9]

Certa vez, contemplando um córrego nos jardins da Universidade da Califórnia, em Los Angeles, a pesquisadora em psiquiatria e escritora Kay Redfield Jamison lembrou-se de uma cena da poesia de Tennyson. Dominada por "um senso imediato e inflamado de urgência", correu a uma livraria à procura de um exemplar e, em pouco tempo, viu-se com mais de vinte livros nos braços. A imagem inicial da Dama do Lago abriu-se numa espiral, ligando-se a outros temas e títulos, desde *A morte de Arthur*, de Malory, até *O ramo dourado*, de Frazer, e a livros de Jung e Robert Graves. Tudo parecia relacionado e, reunido, conteria "uma chave essencial" do universo, enquanto ela "ia tecendo sem parar" a sua rede maníaca de associações.

A pessoa maníaca sente-se parte disso, maravilhosamente ligada ao mundo, em vez de ser sua escrava ou sua serva. A exultação trazida pelo sentimento de vinculação precisa ser *comunicada*, detalhe este que serve para distinguir a verdadeira mania de estados de euforia em outros casos. O sujeito esquizofrênico pode desfrutar em silêncio de um estado de beatitude, sozinho em seu quarto, mas o maníaco-depressivo não apenas o vivencia como sente necessidade de compartilhá-lo com o mundo. Do mesmo modo, qualquer um pode entrar num estado de exuberância ou até de hiperatividade, sobretudo após uma experiência de perda, mas, embora isso possa ser diagnosticado como mania, ou como seu primo mais brando, a hipomania, a chave é se a pessoa tem ou não a sensação de que as coisas estão interligadas. Será que ela apenas adora o som do canto dos pássaros, ou será que, além de adorá-lo, acha que está ligado ao carro que acabou de passar ou ao artigo que ela leu de manhã no jornal?

Como se poderia explicar o poderoso sentimento de interligação das coisas que é descrito com tanta precisão e coerência pelos sujeitos maníacos? Qual é, afinal, o meio de vinculação no nosso mundo? A resposta a essa pergunta talvez seja decepcionante em sua simplicidade: é a linguagem. São as palavras, as ideias e as associações entre elas que criam e moldam nossas realidades, e dependemos tanto das ligações quanto da inibição das ligações entre elas para conseguir pensar. Isso adquire o máximo de clareza quando as ligações entre as ideias surgem numa velocidade tal que o sujeito nem sequer pode reduzir seu ritmo ou detê-las. No que a psiquiatria chamava de "fuga de ideias", um pensamento leva a outro, com persistência brutal e irreprimível.

Pense na brincadeira da Internet que permite constatar que qualquer ator tem algum tipo de ligação com Kevin Bacon, o astro de *Footloose*.* Todas as figuras da indústria cinematográfica revelam ter alguma ligação com ele, seja por uma associação direta, como ter trabalhado num de seus filmes, seja por meio de relações com alguém que tenha entrado em contato com ele. O sucesso espetacular

---

* O jogo ficou conhecido como "Oráculo de Bacon". (N.T.)

desse jogo levou-o a se tornar parte do Google, e existe até um jogo de tabuleiro dedicado a essa busca curiosa. Uma propaganda de uma operadora de celular, por sua vez, adaptou o jogo para mostrar que o universo inteiro pode ser ligado a Bacon, por meio de associações verbais. Mas imagine se essa busca associativa não fosse exatamente uma distração ou um divertimento, e sim algo constante na vida da pessoa, algo que ela não conseguisse desligar. Como mostram o aplicativo do Google e os anúncios de celulares, a rede sociolinguística da linguagem e da cultura sempre fornecerá ligações. Não há trégua.

A vida, poderíamos dizer, depende de não indagarmos com demasiada frequência de que modo estamos ligados a Kevin Bacon. Se fôssemos obrigados a seguir todas as associações, seríamos inevitavelmente esmagados pela vasta rede de ligações que existe ao nosso redor. Na mania, entretanto, a rede domina. Os psiquiatras oitocentistas observaram que a fala do sujeito maníaco parecia passar de uma palavra para outra sem grande consideração para com o conteúdo, como se as pontes entre as ideias viessem da própria linguagem, e não da deliberação consciente. "Que gravata bonita", diz um paciente. "Eu queria me relacionar com alguém que fosse puro e tivesse olhos bonitos. Gosto de olhos bonitos. Gosto de mentiras." A fala passa da gravata [*tie*] para "relacionar" [*tie*], para o "olho" [*eye*] e, em seguida, para a "mentira" [*lie*]. "Ter filhos é muito bom quando a pessoa não tem dores de parto. Há vidraças demais na janela." Embora possa parecer que janelas e parto têm poucas coisas em comum, a "dor" [pain] do parto passa imediatamente para a vidraça [pane] da janela.*10

Em contraste com esses exemplos de fala maníaca, a pessoa, na fase depressiva, tem pouca coisa a dizer, e repete palavras com a mesma significação básica: ela é inútil, espiritualmente vazia, culpada de algum pecado terrível e inerradicável. Assim, parece haver um contraste entre a maneira como, nos estados maníacos, a pessoa fica à mercê de ligações acústicas e formais entre as palavras e o fato de ser o sentido ou a significação que as rege nos estados depressivos. Os primeiros pesquisadores observaram que, no estado de depressão, a ressonância entre as palavras – o movimento de "olho" [eye] para "mentira" [lie] e de "dor" [pain] para "vidraça" [pane] – quase nunca se evidenciava, como se a linguagem houvesse perdido sua vibração acústica.

Que estranho os dois eixos da linguagem – as palavras e os sentidos – emergirem, na doença maníaco-depressiva, em forças alternadas, como se cada um tivesse que esperar sua vez para se apossar do sujeito! Na mania, é como se as palavras se desvinculassem de seus sentidos,

---

* Vale notar que, em todos os exemplos citados, os vocábulos da língua inglesa que permitem a ligação associativa são homófonos ou rimados. (N.T.)

para que as ligações acústicas pudessem ser seguidas, ao passo que, nas fases depressivas, as palavras seriam poucas e carregadas de um único sentido monolítico. "Sou um babaca", "sou um babaca", "sou um babaca", como repetia sem parar um paciente meu para si mesmo, nas fases abatidas de sua depressão maníaca.

Clinicamente, as coisas são um pouco mais complicadas do que sugeriria esse contraste. Os sujeitos maníacos não fazem apenas seguir livremente as palavras, visto que tendem a terminar nas mesmas ideias, palavras ou significações, como se fossem reconduzidos aos mesmos pontos num mapa. A gama de ideias, na verdade, pode ser bem restrita, e já houve até quem sugerisse não falar em "fuga de ideias", mas em "fuga de palavras", já que era a fala que parecia prosseguir de forma interminável, circunscrevendo um conjunto relativamente pequeno de interesses. Pesquisadores dos primórdios, como Falret, Hugo Liepmann e Ludwig Binswanger, mostraram que essa fuga de palavras seguia uma lógica oculta, que escapava ao observador displicente. A mania nunca era um fluxo de palavras puramente aleatórias, mas tinha coerência e estrutura reais, só que de um tipo que não costumava ser óbvio, a menos que se escutasse com muita atenção.

Para citar um exemplo, quando Norma Farnes visitou pela primeira vez o comediante maníaco-depressivo Spike Milligan, para se candidatar ao emprego de sua assistente pessoal, notou que a sala estava gelada. "É", retrucou ele, "eu detesto os americanos." A resposta, aparentemente sem sentido, poderia ser tomada como um sinal de desatenção maníaca, como a impossibilidade de manter um diálogo ou de levar um pensamento até o fim. Na verdade, porém, como Farnes viria a saber, foi uma resposta absolutamente coerente. A candidata fizera um comentário sobre a temperatura da sala, e Milligan achava que os norte-americanos tinham inventado o aquecimento central. A cadeia implícita, portanto, era: está gelado – o aquecimento central não é suficiente – os americanos inventaram o aquecimento central – detesto os americanos. Farnes não questionou o silogismo dele, talvez prudentemente, dizendo-lhe que os romanos, e não os norte-americanos, é que tinham sido, em última instância, os responsáveis pela invenção do aquecimento.[11]

Se o discurso maníaco não é tão aleatório quanto pode parecer, o que caracteriza sua aparente digressão? Pensemos em quando começam os estados maníacos. Às vezes se diz que a mania é simplesmente desencadeada sem aviso prévio, como se surgisse inteiramente do nada; no entanto, muitas vezes a pessoa maníaca ou aquelas que a cercam intuem de antemão que há alguma coisa mudando, talvez anunciada pela falta de sono ou pela ansiedade. Quando começa a fuga de ideias, é muito frequente constatarmos que ela se inicia quando a pessoa se acha numa situação de diálogo, com colegas, numa reunião, numa conferência, num bar com amigos. É comum haver um toque de agressão ou antagonismo, como se um membro do grupo fosse hostil à pessoa. Mas aí acontece um fenômeno surpreendente.

Nas situações sociais, a maioria das pessoas acha que não diz a coisa certa; que, por alguma razão, as palavras lhe escapam. Só mais tarde consegue imaginar o que poderia ou deveria ter dito, no famoso *esprit d'escalier* – só depois de terminar de descer a escada é que ela se dá conta. Mas o sujeito maníaco tem uma experiência diferente. Possui as palavras com que falar. A atriz Patty Duke referiu-se a seu "incrível domínio da linguagem" quando se encontra na fase maníaca. Como disse a acadêmica Lisa Hermsen sobre sua experiência pessoal com a mania, "eu encontrava as palavras e digitava as letras" – um sentimento repetidas vezes ecoado por sujeitos maníacos. No dizer de um de meus pacientes: "As palavras certas estavam bem ali, eu não precisava mais pensar." E Cheney: "As palavras certas simplesmente dançavam no ar, acima da minha cabeça, e eu só tinha que puxá-las para baixo e deixar que fluíssem pela minha caneta."[12]

De repente, a pessoa maníaca fica apta a falar – uma situação em geral negada a quase todos os outros indivíduos. Ela encontra na linguagem uma posição a partir da qual falar, e logo se seguem piadas, trocadilhos e réplicas que parecem fluir sem o menor esforço. Poderíamos até explicar a famosa euforia do maníaco exatamente como um efeito disso: o estado de ânimo se eleva por ele poder falar, e não o inverso. Não é o estado de humor que lhe permite falar, e sim a fala que libera o estado de humor. A mania, portanto, envolve um paradoxo evidente. A linguagem tem certa autonomia, com ligações ramificadas de uma palavra para outra, desdobrando-se diante do sujeito maníaco. Ao mesmo tempo, contudo, embora ele pareça escravo dessas ideias que fluem em disparada, possui um lugar na linguagem de onde pode articulá-las.

Talvez isso seja menos contraditório do que parece, à primeira vista. Para começar, vamos observar a deriva, que tem início com o sujeito maníaco detendo uma posição e termina com ele sendo arrasado. Afinal, a mania envolve uma curva, um arco, e nunca é uma experiência homogênea. Além disso, poderíamos indagar o que é, na verdade, que confere à pessoa um lugar na fala. Se examinarmos as diferentes formas de fugas de ideias, não notaremos que todas têm uma coisa em comum? Por acaso todas não envolvem o reconhecimento do receptor, daquele a quem se dirige a palavra? Mesmo que o sujeito maníaco passe de um assunto para outro, com visível desconsideração pelo tema ou conteúdo, ele continua a falar *com alguém*. Quando Behrman caracteriza a mania pela formulação "O que você quer que eu faça agora?", a chave está no "você". Há uma sede insaciável de um receptor. Os sujeitos maníacos, ao contrário de outros, não falam sozinhos.

A pressão, nesse caso, não é simplesmente falar, mas falar com alguém. Em algumas ocasiões, de fato, estudos sobre a doença maníaco-depressiva identificaram o impulso de buscar a relação com os outros como um sintoma central, e, como vimos, é revelador observar que esse, é claro, é também um dos imperativos sociais mais dominantes da nossa época. O isolamento e a interioridade são desestimulados, e somos instados a entrar em redes, manter contatos, estabelecer ligações. Há aí uma coesão entre o que a muitos pareceu ser o núcleo da bipolaridade e a essência da subjetividade moderna. O que um dia foi visto como sinal de doença é hoje identificado com uma norma positiva.

No entanto, na mania real é comum o impulso de estabelecer ligações ir muito além das convenções da comunicação. Nos livros de memórias de sujeitos maníaco-depressivos, é notável a frequência com que há uma fala súbita e sugestiva que se dirige ao leitor, como se a narrativa pudesse e devesse ser interrompida por um apelo direto ao destinatário. É como aquele momento do filme *Violência gratuita*, de Michael Haneke, em que um dos homens que aterrorizaram uma família inocente vira-se de repente e se dirige diretamente à câmera. Tais recursos podem ser entendidos como um desdém pós-moderno pelas convenções narrativas, mas será que também não podemos ver neles um eco da necessidade que têm alguns sujeitos têm de apelar para seu público, de confirmar uma cumplicidade ou uma ligação? Quando a atriz Vivien Leigh, presa num agudo episódio maníaco, virou-se para falar diretamente com a plateia do teatro no meio da peça *Tovarich*, vemos a mesma necessidade de um receptor, a necessidade de criar e afirmar uma ligação com ele.

Como escreveu Patty Duke, nesses momentos "a capacidade de sentir o que os outros sentem é quase mística. É uma comunhão mental, espiritual e física, ou até química, com as pessoas. Tenho a sensação de haver mandado alguma coisa para a plateia e sinto essa onda voltar para mim. É realmente uma energia. É uma coisa de verdade. Se você tivesse câmeras especiais, provavelmente poderia tirar uma foto dela. ... É emocionante quando mando isso e eles o recebem. E compartilhamos esse instante infinitesimal de união." Isso não provém da interação com outros atores de um filme ou de uma peça, mas do momento de impacto com a própria plateia, do momento em que é possível criar um efeito em outra pessoa, um momento não roteirizado nem programado de antemão.

Será que isso também não lança luz sobre a curiosa promiscuidade de muitos sujeitos maníacos? Como assinalou Terri Cheney, "o sexo maníaco não é realmente uma relação sexual. É discurso, é apenas outra maneira de desafogar a necessidade insaciável de contato e comunicação. Em lugar de palavras, eu falava com a pele". O sexo mantém o receptor ali, bem perto: o maníaco passa de um parceiro para outro como passaria de um interlocutor para outro. Cheney observou de maneira brilhante que a famosa hiperatividade da mania – o sacudir-se, o tamborilar ou bater os pés, o remexer-se – é, simplesmente, um conjunto de formas da pressão para falar, para continuar falando.[13]

A necessidade da presença do receptor talvez pareça paradoxal, já que as ideias e opiniões dele tendem a ser ignoradas ou encobertas pela fala do sujeito. Mas essa visível impaciência já é uma pista, por si só. Os estudiosos da fala maníaca sempre se impressionaram com a atração dos chamados "estímulos adventícios", a referência súbita a detalhes aleatórios de algum aspecto do ambiente. Os detalhes de um projeto empresarial descambam para um comentário sobre o broche da ouvinte ou sobre a cor de uma cadeira próxima. Esses saltos semânticos têm sido interpretados de várias maneiras – desarticulação das vias associativas, ausência de uma ideia norteadora, dispersividade inata –, mas será que sua característica mais óbvia não é o fato de eles manterem o discurso em andamento e, desse modo, privarem o ouvinte da chance de responder?

A concentração exclusiva nos vínculos entre as palavras do maníaco significa negligenciar essa dimensão crucial do efeito que elas têm no receptor. Os saltos envolvem uma excisão dos pontos de suspensão da fala, que são exatamente os momentos que dão à outra pessoa o espaço para responder. Mas o discurso maníaco paralisa o ouvinte, e o momento de responder ou o silêncio que precederia uma resposta não acontecem. Falar mantém a outra pessoa presente, mas dessa maneira muito específica, que tem o efeito de desarmá-la. As palavras exercem sua magia – por um tempo –, imobilizando o receptor e impedindo-o de qualquer resposta real, do tipo que possa trazer o risco de ele largar ou censurar o sujeito maníaco. Não admira que o ouvinte, além de ficar exausto, sinta-se frequentemente manipulado ou controlado.

É exatamente isso que distingue a depressão maníaca de outras formas de psicose em que a pessoa pode construir um receptor virtual, distante ou interno. Tem que haver um ouvinte real bem ali, diante dela. No entanto, há algo de tênue, até desesperado, na maneira de o maníaco reter seu interlocutor, como se tivesse de conservá-lo ali a qualquer preço, como um humorista de boate que tem de manter a plateia permanentemente concentrada nele. Será por acaso que a doença maníaco-depressiva é tão comum no mundo dos comediantes?

Como percebeu Freud, estudar a mania significa pensar em como funcionam os chistes. A explosão de trocadilhos e ditos espirituosos, descrita com tanta frequência pelos sujeitos maníacos, mostra como se cria um laço com os outros através das palavras. Quando contamos uma piada ou usamos de espirituosidade, em geral isso ocorre em situações de constrangimento ou ameaça. Se o sujeito está sozinho e isolado com outra pessoa, que melhor instrumento teria para trazê-la para o seu lado ou para torná-la menos ameaçadora?

As piadas unem e estabelecem vínculos, criando uma ligação entre duas pessoas, em geral à custa de um terceiro, que é o alvo da piada. Também envolvem a culpa. Quando nos sentimos culpados por alguma coisa, talvez uma ideia sexual ou violenta dentro de nós, disfarçá-la como um chiste permite a experiência temporária de alívio, como se pudéssemos redistribuir o peso que sentimos. Não será por isso que a reação inicial mais comum, ao ouvirmos uma anedota, é pensarmos prontamente em a quem a contaremos depois? E, para quem a conta, há um sentimento de alívio, de sucesso, por uma fração de segundo, talvez acompanhado pela sensação calorosa de ser amado. A piada envolve a ideia de sua transmissão, de a passarmos adiante, quer pessoalmente, quer através de um e-mail ou um telefonema.[14]

É por isso que, se você observar a plateia do cinema durante a projeção de uma comédia, verá que as pessoas olham não só para a tela, porém umas para as outras, ao passo que, quando é um drama, o olhar permanece fixo na tela. Os chistes sempre envolvem um terceiro, como se o nosso afeto do riso dependesse de mais alguém rir e sancioná-lo. Ao descrever seu primeiro episódio maníaco, um executivo de empresa explicou: "Eu achava extasiante poder fazer as pessoas rirem no escritório. Era capaz de fazer até as pessoas do metrô darem risada. As piadas e suas tiradas finais simplesmente continuavam a surgir, de forma natural, sem parar."

Esse homem achava que tinha de fazer as pessoas rirem, como se isso fosse "quase um dever", e a mania talvez seja um modo de tentar manter viva e animada a própria plateia, de manter um destinatário ou receptor bem ali, à frente do sujeito. Quando isso depara com dificuldades, constatamos uma angústia terrível, e as ideias paranoides começam a se acumular. Surge um reconhecimento, que se torna claro por meio de atritos e conflitos, de que "não há mais ninguém pensando igual a você", no dizer do executivo. O sentimento de vínculo desmorona, e em seu lugar aparece o abismo da depressão, como se fosse multiplicada por dez mil a sensação de fracasso e vergonha de quando contamos uma piada e ela não surte o efeito desejado.

RETER UMA PLATEIA evoca um aspecto muito específico da infância, descrito por muitos sujeitos maníaco-depressivos. A mãe, o pai ou outro cuidador primário é alguém que apresenta oscilações de humor, em geral não anunciadas e assustadoras para a criança, que se sente alternadamente largada e adorada, com uma incoerência feroz. Essa gangorra dramática pode ser uma experiência cotidiana ou ocorrer na época do nascimento de um irmão, por exemplo. Em alguns casos, a mãe só consegue continuar próxima do filho quando se mantém uma situação de dependência completa. No momento em que a criança começa a afirmar sua independência, o amor materno desmorona. A estrutura pendular de algumas formas de psicose maníaco-depressiva, portanto, fica literalmente inscrita na criança.

Tais rupturas significam que a experiência mais básica dessa criança é a de ser alvo de um grande investimento e, em seguida, alijada dele, num padrão que, mais tarde, ela pode repetir em suas próprias alternâncias de humor, nas quais ora se sente no centro do mundo, ora insuportavelmente abandonada e solitária. Da mesma forma, numa época posterior da vida, o sujeito pode buscar relações de dependência absoluta, como um modo de garantir o amor. Outra pessoa torna-se onipotente para ele, fonte de tudo o que é fornecido, e o mais ínfimo descaso ou frustração agiganta-se num sentimento de rejeição absoluta.

No livro de memórias de infância de Terri Cheney, ela descreve os altos e baixos de suas oscilações de humor e chama a aflição que sentia de sua "Besta Negra". Ao lermos sobre as invasões e os recuos dessa "besta", é difícil não a vermos como um barômetro quase exato do prazer ou desprazer do pai de Terri com ela. A Besta que era capaz de fazer seu estado de humor despencar ou voar alto parece ser a encarnação do interesse do pai pela filha, da paixão deste por ela e de seu desapontamento quando a menina não ficava à altura de seus ideais de realização escolar.[15]

De modo semelhante, Kay Redfield Jamison descreve a exuberância maníaca de seu pai, seu "entusiasmo contagioso" e a "magia contagiante" de sua expansividade – exatamente as qualidades de algumas fases maníacas da própria Kay. Quando estava eufórica, ela "voava alto", e é difícil deixar de notar que seu pai, que tinha sido piloto, dizia-lhe com frequência que "nós podemos voar". Kay "plana" e "voa" num episódio maníaco, cantando "Faça-me voar para as luas" [*sic*]* enquanto atravessa os anéis de Saturno. Embora o pai dela fosse sobretudo um cientista, "a cabeça e a alma dele acabavam pairando no céu".

A insistência numa base genética da depressão maníaca frequentemente obscurece esta lógica simples: a depressão maníaca de um dos pais ou avós é usada para explicar a da criança, como se uma sequência genética tivesse sido transmitida, em vez de cristalizada pela experiência real das interações dessa criança com tal sujeito. Como disse Patty Duke, seus filhos "não sabiam o que esperar". Mesmo quando as coisas corriam de forma agradável, "nunca se sabia quando acabariam os bons momentos".

---

* Numa alteração do título da famosa canção de Bart Howard, "Fly Me to the Moon". (N.T.)

Quando a pessoa é valorizada e depois abandonada, esse ritmo mortificante pode se tornar o parâmetro de sua própria realidade, a menos que outra coisa intervenha e ofereça um caminho alternativo.

É comum vermos isso em pessoas cujo sucesso mundano parece totalmente garantido e incontestável aos olhos de outras. Atores e humoristas célebres, de Spencer Tracy a Spike Milligan, passavam noites acordados, à espera do telefonema ou da carta que anunciaria sua derrocada. O estúdio os dispensaria, o banco declararia que não tinham um centavo, o empresário se cansaria deles. Os elogios, o sucesso e a admiração, em última instância, inscreviam-se muito menos do que as críticas e os fracassos, como se o único objetivo de uma elevação do estado de humor fosse a baixa que se seguia.

Por essa perspectiva, a mania perpetua o sentimento outrora frágil de vínculo, aquele sentimento que foi tão excruciantemente descontínuo para a criança. A época do sentimento de profunda ligação com a mãe ou o responsável transforma-se na experiência do mundo inteiro: agora, *tudo* se interliga, o amor está em toda parte, há boas vibrações e possibilidades para o futuro. Quando Behrman se apresentou pela primeira vez no tribunal, para responder à acusação de falsificação de obras de arte, achou que poderia estabelecer uma ligação com todos os jurados, um por um. "Senti-me com poder suficiente para convencer qualquer um de qualquer coisa", escreveu.[16]

O maníaco também pode se impor repetidamente a outras pessoas, visitando-as ou telefonando a ponto de esgotá-las, como se seu lugar na afeição dos outros estivesse garantido. Como assinalou Kraepelin, ele quer desempenhar um papel nas coisas.

Esse esforço de vinculação reflete a maneira pela qual o sujeito maníaco teria sido arrebatado pela euforia efusiva de um dos pais e contém tanto uma sensação de poder quanto uma fragilidade terrível. Fragilidade não só porque era inevitável que a fase de alta acabasse e ele perdesse seu lugar de companheiro querido, mas também, e de modo igualmente profundo, porque o entusiasmo e a vitalidade de tais momentos constituem-se não como experiências compartilhadas, mas como medidas desesperadas a serem tomadas para evitar o abandono. Não ser arrebatado resultaria em exclusão e isolamento, como se uma emoção tênue e falsa fosse o único fio de ligação entre filho(a) e pai/mãe.

Uma criança nessa situação tem uma opção de "pegar ou largar", na qual "pegar" pode referir-se à fase eufórica de uma mãe maníaco-depressiva, ou, em muitos casos, à do pai, a cuja euforia o(a) filho(a) recorre como proteção contra o estado depressivo da mãe. Quando não participa, a criança é dolorosamente excluída, e, quando entra na dança, sabe que, segundo a imagem evocada por meu paciente, o foguete se desintegrará. A inclusão alegre sempre traz em si essa sensação de bases falsas, e é interessante que observadores criteriosos da mania, como os psiquiatras Wilhelm Griesinger e Henri Ey, tenham notado que os sujeitos maníacos pareciam estar desempenhando um papel, ou fingindo, como se, em última análise, seu comportamento não se baseasse numa certeza ou convicção delirante.

Quando a criança entra no circuito, a ligação um dia sentida com o cuidador – o "momento de união" de Duke – pode voltar sob a forma da mania. Behrman chegou a dizer que se sentia como que dotado de um poder mágico de atrair as pessoas, talvez porque o episódio maníaco reencenasse o vínculo que um dia ele teria desfrutado com a pessoa que cuidava dele, ainda que apenas momentaneamente. Para Fry, "eu adorava a emoção de saber que carregava centenas de pessoas comigo, que elas surfavam nas ondas da minha voz". E quando os amigos, os colegas ou os novos conhecidos de uma pessoa maníaca refletem sobre como foi sua própria experiência, eles também evocam essa sensação de ser arrebatados, carregados pelo entusiasmo, pela vitalidade e pelo poder de persuasão do orador.

Talvez não seja à toa, nesse caso, que o investimento no futuro é tão pronunciado, já que foi precisamente o futuro que se mostrou tão incerto, tão instável e precário para o filho do genitor maníaco-depressivo. Fry contrasta a mania, na qual "a gente faz planos para cem futuros", com o "futuro sem futuro" da depressão. Quando Simon perguntou a uma de suas entrevistadas se, nos episódios de mania, ela já havia pensado que podia voar, ela respondeu: "Nunca achei que poderia voar, mas nunca pensei que pudesse cair."[17]

NATURALMENTE, ESSA CRENÇA nos poderes pessoais deve parecer atraente para quem duvida dos seus. Alguns programas de televisão, como o reality show "Dragon's Den", mostram regularmente que os investidores perdem o interesse nos candidatos a empresários que não demonstram autoconfiança. Mas onde fica a linha divisória entre a grandiloquência e o compromisso? Segundo a indagação da antropóloga Emily Martin, como é possível estabelecer com tanta facilidade uma distinção entre a pessoa aparentemente doente que diz "Eu posso mudar o mundo" e a pessoa aparentemente sã que diz "Posso construir uma empresa na Internet e fazer você enriquecer"?

Quando a revista *Time* exibiu em sua capa o editor Phil Graham, as atividades empresariais deste pareceram elevar-se ao status de um ideal. Ali estava alguém perpetuamente atarefado, comprando jornais e revistas, ajudando a dirigir a *Newsweek* e o *Washington Post*, comprando seu próprio jato e adquirindo emissoras de televisão. Entretanto, como a mulher dele, Katharine Graham, descreveu em seu livro de memórias, essa energia aquisitiva era maníaca, e as fases eufóricas de seu marido tinham um contraponto em depressões terríveis, opressivas, que acabariam por levá-lo ao suicídio, alguns anos depois.

Jane Pauley, âncora do telejornalismo norte-americano, documentou sua estranha transformação de consumidora modesta e criteriosa numa grande gastadora, que comprou uma casa de que não precisava e percorreu lojas e centros comerciais numa busca interminável de móveis e acessórios. Junto com isso vieram novas ideias e projetos, que ela apresentou animadamente a seu empresário. "Eu tinha energia, por um lado, e tinha ideias, muitas ideias. Um programa. Um livro. Uma revista" – e até sua própria linha de roupas. "Os sentimentos chegavam e partiam em disparada, à velocidade de um trembala, junto com as ideias, seguidas por telefonemas que produziam planos de ação."[18]

A mania, aqui, pode ser instigada pelo modo como a cultura contemporânea molda a nossa autoimagem. As pessoas são incentivadas a se vender, a alardear suas realizações e a gerar mais e mais produtos ou derivados de sua identidade. Hoje em dia, uma celebridade pode ser efetivamente pressionada a lançar sua própria linha de roupas, seu programa de televisão ou seu perfume. Quando Pauley contou ao empresário que seus médicos diziam que ela estava tendo ideias demais, "ele compreendeu, mas me garantiu que, ainda assim, eram boas ideias". Na verdade, poderíamos indagar quantos projetos criativos saem do papel, não apesar da mania de alguém, mas por causa dela.

Um maníaco-depressivo descreveu como finalmente se produziu o seriado de televisão que ele havia concebido. "Esse tão esperado sucesso provocou meu primeiro episódio maníaco plenamente manifesto, embora na ocasião eu não soubesse o que era aquilo. E, quando algumas outras ideias minhas foram encomendadas, empenhei-me em convencer a alta direção da televisão britânica de que eu tinha o toque de Midas, sem me dar conta de que meu excesso de confiança era alimentado puramente pela mania, e não por uma capacidade real." Mas será que a linha divisória é mesmo tão óbvia? Como prosseguiu ele: "O problema de ser maníaco é que, às vezes, a coisa *pode* funcionar, e, neste caso, o chefe de uma das maiores companhias da rede ITV [Independent Television] gostou da minha conversa e me deu um cargo de alto nível, com um enorme salário e verba para certas despesas."

Embora a ocupação desse cargo tenha vindo a acabar mal, quantas carreiras, podemos perguntar, recorrem a fases de euforia maníaca e as absorvem? Hoje em dia, receber um diagnóstico de transtorno bipolar significa, muitas vezes, receber uma folha de dados impressa, listando nomes de indivíduos que, segundo parece, realmente tiveram um toque de Midas: Alexandre o Grande, Einstein, Picasso, Mozart, Dickens, Greene, Lutero, Lincoln, Proust, Coleridge, Churchill, Balzac, Conrad, Shelley, Kipling e Newton, para citar apenas alguns. Brian Adams, acertadamente cético ante o que denomina "propaganda da doença maníaco-depressiva", pergunta por que essas listas se concentram, invariavelmente, nos nomes dos que contribuíram para a cultura, e não nos dos que a prejudicaram, e indaga de onde vieram esses diagnósticos, dado que, no seu caso pessoal, foram necessários mais de vinte anos e meia dúzia de especialistas para que ele próprio fosse reconhecido pela psiquiatria como maníaco-depressivo.[19]

Enfatizar a criatividade pública dos maníaco-depressivos é também, claro, insensível e estigmatizante para com aqueles que não escrevem, não esculpem, não pintam nem conquistam reconhecimento mundial. Emily Martin relatou que, na reunião de 2000 da Associação Norte-americana de Psiquiatria, uma empresa farmacêutica efetivamente instalou no estande do Zyprexa um artista real, ao vivo, que trabalhou durante vários dias numa colagem que podia ser observada pelos participantes da conferência. Diante de sua enorme tela espalhavam-se tintas, colagens, tecidos e fibras, como que para mostrar não apenas que os sujeitos bipolares podem fazer coisas, mas também que os medicamentos não atrapalham. A criatividade se torna, num dos extremos, uma exibição circense, e no outro, uma propriedade localizável e comercializável da psique.

Depois de experimentar a decepção de praxe na agência local do Centro de Serviços de Avaliação e Orientação no Emprego, Brian Adams indagou: "O que eu estava esperando: uma varinha de condão para me lançar numa nova guinada de vida, num emprego em que a minha doença maníaco-depressiva se enquadrasse perfeitamente?" Não há propaganda que chegue perto de ser útil nesse caso. "'Bem, sr. Adams'", escreveu ele, "'depois de examinarmos o seu perfil psicológico, a sua experiência profissional, a sua experiência de vida, os seus interesses, aptidões, marcas de nascença e tamanho dos sapatos, as folhas de chá, a sua psicose e a sua aparência geral, cremos poder encaminhá-lo para treinamento como Alexandre o Grande.'"

A propaganda bem-intencionada em torno da depressão maníaca descortina uma outra questão. Nos estados maníacos, as pessoas tendem a acreditar que são poderosas, capazes e dotadas de habilidades que a maioria dos indivíduos não possui. Aliás, uma das primeiras perguntas feitas a uma paciente minha, quando de sua hospitalização, foi: "Você acredita que um dia será uma artista famosa?" Considerando-se que a maioria dos artistas deve ter alimentado esse tipo de crença num ou noutro momento, podemos imaginar que uma pergunta mais apropriada seria: "Você é uma artista famosa?" – se bem que, no caso de minha paciente, isso teria causado ainda mais confusão, visto que ela era, de fato, uma artista famosa.

Listar grandes realizadores, de Alexandre a Picasso, espelha de forma curiosa o problema clínico da presunção grandiloquente que se supõe requerer tratamento. E isso nos leva a um aspecto crucial da doença maníaco-depressiva. Embora alguns sujeitos psicóticos possam afirmar que são Cristo ou Napoleão, é comum se mostrarem perfeitamente satisfeitos na execução de trabalhos subalternos, como as tarefas da cozinha ou da lavanderia. É muito improvável que se apresentem num congresso eclesiástico ou num quartel militar. No entanto, na depressão maníaca, a pessoa pode realmente reservar uma suíte no Hotel Claridge ou tentar reservar uma mesa diariamente no restaurante The Ivy.

O que acontece aí, no nível da identidade? A resposta talvez esteja na comparação entre as manias e as depressões. Nas fases deprimidas, a pessoa se vê como sem valor e sozinha, e, nas fases maníacas, como sumamente capaz e poderosa. Mas será que a chave não está no fato de ela *ver a si mesma* dessas maneiras, já que isso pressupõe um ponto de vista externo que foi internalizado? Sua autoimagem constituiu-se a partir desse ponto de vista, como se percebe quando Terri Cheney descreve os altos e baixos de seus estados de humor como regidos pelas visões mutáveis que o pai tem dela.

Muitos anos atrás, a psicanalista Frieda Fromm-Reichmann e seus colaboradores afirmaram que a constelação da depressão maníaca envolve, com frequência, a aspiração a uma posição social mais elevada, que a criança foi designada para conquistar para sua família. Oriunda de grupos minoritários, por força de sua situação religiosa, econômica ou étnica, a criança recebe a tarefa de conquistar prestígio num mundo adverso. "Nesse contexto", escreveram os autores, "o maníaco-depressivo arca muito precocemente com o ônus das expectativas familiares de que se saia melhor do que os pais, a serviço do prestígio da família e do clã."

A criança é coagida a se ajustar a padrões de comportamento impossivelmente elevados, baseados em como os pais creem que "os outros" devem vê-la. Assim, há uma sensação de uma autoridade impessoal, um "eles" eternamente evocado diante da criança, que tem de superar o prestígio dessas pessoas. O peso dos ideais morais e materiais pode ser esmagador em tais casos. O filho de uma mãe que dizia que a família havia deixado suas raízes num país e se mudado para outro unicamente em benefício dele, e que afirmava que "o céu é o limite", veio mais tarde a ser hospitalizado, após um episódio maníaco em que acreditou que seu carro decolaria como um avião.[20]

O ideal materno foi capaz de impeli-lo para a mania, mas não de estabilizá-lo nem de fornecer um arcabouço seguro para a sua vida. A identidade que o menino foi pressionado a assumir – querendo ou não – era falsa e precária, e podemos assinalar a frequência com que os sujeitos maníaco-depressivos são descritos como crianças obedientes e respeitosas, pois isso também sugere a presença de um ideal a que a criança se conforma, em vez de questioná-lo. A descrição dos antecedentes sociais feita por Fromm-Reichmann não precisa ser aceita literalmente, mas sua ênfase nesse impacto dos ideais na depressão maníaca acerta o alvo em cheio. Também lança luz sobre o fato de que os episódios depressivos e as fases maníacas podem decorrer não de fracassos, mas de sucessos sociais. Quando a criança enfim chega ao ponto que se esperava que alcançasse, não pode haver uma satisfação real, uma vez que este sempre foi o ideal de outra pessoa.

No caso de Andy Behrman, os episódios maníacos comumente envolviam embarcar em aviões para fazer voos aleatórios ou com o intuito de voar ao redor do mundo. Embora a compactação das distâncias seja um traço comum da depressão maníaca – na qual a separação geográfica parece banal e tudo pode afigurar-se muito próximo –, é difícil não estabelecer uma ligação entre isso e o fato de que ele ia receber o nome de um astronauta, o primeiro norte-americano "a orbitar a Terra", mas a missão deste foi adiada no dia do nascimento de Behrman. "Na infância, naturalmente, presumi que eles tinham grandes expectativas em relação a mim", escreveu, e fantasiava dar a volta ao redor do planeta. Num episódio apavorante, "senti-me trancado dentro de um globo igual àquele com o qual cresci, mostrando todos os continentes e países em relevo".[21]

PASSANDO AGORA a outro dos temas da mania, por que as compras desenfreadas e a extravagância? A pessoa maníaca é capaz de gastar somas enormes em roupas, imóveis, obras de arte ou objetos para os quais, mais tarde, talvez olhe intrigada, no que Brian Adams chamou de *"après-mania"*. Num programa de televisão sobre a falência, perguntou-se a uma mulher como havia conseguido gastar seu alto salário do centro financeiro de Londres e acabar terrivelmente endividada. Em que tinha gastado o dinheiro: férias, automóveis, casas? – perguntou o entrevistador. Não, respondeu a mulher, acanhada: ela gostava "daqueles camarões graúdos". Isso poderia ser entendido como um tropo para indicar um estilo de vida luxuoso, mas, quando a pessoa é maníaco-depressiva, a referência pode ser absolutamente literal. Pode-se esbanjar fortunas no que se afigura como idiossincrasias aos olhos de outros. Gastar o dinheiro que não se possui é um traço tão comum nos estados maníacos que a indústria das finanças tem lançado iniciativas para ajudar os sujeitos maníacos a negociarem uma saída de suas dívidas pós-episódios.

Às vezes, essas compras desenfreadas são descritas como farras egoístas e narcísicas nas quais o sujeito não demonstra a menor consideração pela família ou pelos amigos, os quais, não raro, depois têm que pagar a conta. Contudo, quanto mais ouvimos relatos sobre o ocorrido, mais nos apercebemos de que há um certo altruísmo, uma lógica sacrificial atuando nesses desvarios, e, a rigor, o sujeito maníaco tanto pode doar bens quanto adquirir novas posses. Durante seus episódios maníacos, Vivien Leigh tinha de ser mantida longe de lojas sofisticadas, como a Cartier e a Asprey, mas era muito comum seus gastos envolverem a compra de presentes para o elenco e a equipe técnica das produções em que estava atuando. Nesse caso, adquirir e doar tinham o mesmo peso. Ao falar sobre sua experiência com a depressão maníaca, John Mulheren Jr., um corretor de Wall Street, descreveu que colocava vinte mil dólares em envelopes e os distribuía aos desfavorecidos na rua Bowery, num bairro pobre de Manhattan.

Um de meus pacientes, ziguezagueando por Londres durante um episódio maníaco, ouviu a história complicada de um motorista de táxi e, redirecionando o carro para seu banco, deu-lhe no ato as economias de sua vida inteira, "por compaixão". Para Lizzie Simon, "é uma sensação muito boa fazer algo por alguém, alguma coisa que gostaríamos que fizessem por nós. É tão bom que é completamente inebriante."[22] Para citar outro exemplo, um homem me visitou para uma primeira consulta em estado maníaco. Quando abri a porta, entregou-me de imediato um cheque, informando que tinha de correr para se encontrar com alguém, e por isso não poderia ficar, mas ali estava o pagamento, o qual, por ter julgado muito pequeno, ele havia multiplicado por dez. Nunca mais tornei a vê-lo, mas sua mulher me telefonou, não muito depois, para ter certeza de que eu não descontaria o cheque.

Os projetos empreendidos pela pessoa maníaca são diretamente relacionados, muitas vezes, com a correção de injustiças ou com algum ato de proteção. Kay Redfield Jamison descreveu sua compra de vários estojos de primeiros socorros contra picadas de cobra com a ideia de ter sido escolhida para alertar o mundo sobre a proliferação de cobras venenosas no vale de San Fernando. Ao comprar os estojos, disse ela, "eu estava fazendo todo o possível para me proteger e proteger as pessoas queridas". Quando foi atormentada por pensamentos referentes à "morte lenta e dolorosa de todas as plantas verdes do mundo", ela assinalou que, como estas morriam uma após outra, "não pude fazer nada para salvá-las". Um de meus pacientes gastava somas consideráveis ajudando outras pessoas, e apoiava os projetos delas com tamanha energia e entusiasmo que quase nunca se lembrava de tomar as precauções necessárias em qualquer empreendimento comercial. E Spike Milligan era célebre por seu trabalho com instituições beneficentes que procuravam proteger as espécies animais ameaçadas de extinção em todo o mundo.

Os gastos maníacos desenfreados precisam ser sempre examinados com critério, uma vez que, por trás da atividade aparentemente egoísta, esse altruísmo pode ser o verdadeiro motor dos dispêndios. Outra paciente descreveu que costumava ir de loja em loja, gastando milhares de libras em roupas que depois permaneciam confinadas em sacolas e caixas. Artigos que ela havia cobiçado e que só se permitia comprar em estado maníaco? De modo algum, explicou: as roupas eram como uniformes, "os trajes das pessoas que eu poderia ser". Mas eram as roupas com que ela imaginava que o homem a quem dera um lugar tão central em sua vida gostaria de vê-la: "Eram objetos que invocavam o potencial do que eu poderia ser para ele." Depois dos episódios de compras desenfreadas, disse ela, "sempre fico com um guarda-roupa de acessórios não ativados".

Esses acessórios cênicos existiam como parte de um teatro que era menos destinado a ela do que a Ele, como se a paciente desempenhasse o papel de personagens da fantasia desse homem. Portanto, os gastos estavam menos relacionados com ela do que com a imagem que ela queria criar para outra pessoa, como se, mais uma vez, um ideal regesse suas ações, um ideal que moldava seu comportamento e sua aparência. O aspecto externo desse controle foi evocado em outra descrição das farras maníacas de gastos: "É como ver outra pessoa assumir o controle da nossa vida." Existe mais alguém ali, quase que literalmente.

Quando Stephen Fry vestia ternos sofisticados e tomava coquetéis no Ritz e no Savoy, durante seu primeiro episódio maníaco, passou pelo que chamou de "uma fantástica reinvenção de mim mesmo". Fry descreveu essa reinvenção em termos precisos: "Não só eu era um cara de dezessete anos tentando parecer uma combinação de Wilde, Coward, Fitzgerald e Firbank, como era um sujeito de dezessete anos num terno de estilo Gatsby, com colarinho engomado de ponta virada, fumando cigarros coloridos com uma piteira de âmbar." Mas de onde tinham vindo aqueles colarinhos? Na verdade, eram uma herança de seu querido avô materno, Martin Neumann, um judeu húngaro apaixonado por tudo que vinha da Inglaterra: justamente a imagem da qual Fry queria se apropriar naqueles momentos.

Assim como essa reinvenção era paga com o uso de cartões de crédito roubados, podemos indagar se a imagem que ele criava não estava ligada à fantasia de outra pessoa. Afinal, seu avô também havia ansiado por ser um cavalheiro inglês. Como diz o protagonista do primeiro romance de Fry, ele "só existe com roupas emprestadas". O aparente egoísmo dos furtos que financiavam as orgias de gastos, portanto, encobria um altruísmo mais profundo e talvez inconsciente, ou, no mínimo, uma identificação. Anos depois, ao visitar a casa em que seus avós tinham morado, para um programa de televisão, ele se colocou no lugar exato em que um dia seu avô tinha posado para uma foto, segurando a filha no colo – a mãe de Fry. Ao se posicionar no lugar do avô, Fry comentou que isso era um "pesadelo freudiano".[23]

Também poderíamos pensar, neste ponto, nas grandes gorjetas que os sujeitos maníacos deixam em bares e restaurantes, quase invariavelmente. Será que o fazem para criar uma imagem ampliada do eu, para se tornarem mais valorizados e benquistos, ou, ao contrário, para devolver alguma coisa ao outro, talvez a fim de pagar um outro tipo de dívida?

Não devemos subestimar essa dimensão interpessoal na depressão maníaca. Por mais egoístas que possam parecer os atos da pessoa, há sempre mais alguém no horizonte. Tem-se observado, muitas vezes, que o maníaco tenta empolgar outras pessoas com algum esquema ou projeto, frequentemente com sucesso. Isso tem menos a ver com uma iniciativa privada ou uma busca solitária do que com um esforço mais amplo e abrangente, talvez tendo como objetivo um benefício social. Colegas, amigos e investidores podem ser procurados, e coisas reais podem acontecer – e acontecem.

Às vezes há um descompromisso com determinado projeto e, passadas algumas horas ou dias, o sujeito embarca em outro. Mas também pode haver um foco sério e contínuo, quer a iniciativa se afigure plausível ou bizarra a terceiros. Um de meus pacientes havia trabalhado na Jaguar, em certa época, e, durante uma reunião, ocorreu-lhe que o segredo do sucesso num dado mercado seria substituir a famosa e conhecida logomarca pela de outro animal selvagem. Muitos anos depois, ele pôde relembrar isso com um sorriso, mas, na época, tinha sido uma convicção absoluta: ele sabia que aquela era a coisa certa a fazer, e só teria de convencer o alto escalão a trabalhar com a mente aberta.

O crucial para ele, durante os episódios maníacos, era garantir a confiança que os outros tinham nele, o que talvez se ligue a outro fenômeno estranho que encontramos, com extraordinária frequência, na depressão maníaca. Muitos de meus pacientes compararam sua experiência, em certas ocasiões, ao filme *O show de Truman*, no qual um personagem vive num mundo artificial, transmitido como um *reality show* pela televisão. Eles descrevem o mundo a seu redor como uma construção artificial, como um teatro ou um *set* de filmagem, criado para testá-los ou estudá-los. "É uma sensação de fazer parte de alguma coisa, de ser parte de um cenário maior", como disse um homem, depois que sua mania se acalmou. "A vida era um jogo, ou um teste."

Embora seja possível encontrar uma ideia comparável de realidade na esquizofrenia, o fascinante aqui é que esse "Show de Truman" da depressão maníaca é sempre benigno. "Ninguém é quem parece ser, mas isso é empolgante. Eles me submetem a testes, vão para um nível ainda mais alto, nós provamos nossa capacidade, passamos em testes, como num jogo que a gente vai decifrando." Em outras formas de psicose, a pessoa pode ter a sensação constante de ser tapeada por aqueles que a cercam, mas isso é predominantemente ausente nos estados maníacos. No entanto, se a realidade fosse uma montagem encenada como num palco teatral, certamente se esperaria que fosse ameaçadora, não?

Será que isso não nos dá outra pista sobre a depressão maníaca? O altruísmo, a lógica sacrificial e a natureza benigna do mundo observador, tudo isso sugere que, para o sujeito maníaco-depressivo, a crença num Outro bondoso, num mundo generoso e cheio de dádivas, tem de ser preservada a qualquer preço. "Tem a ver com a bondade", como me disse um amigo maníaco-depressivo. "São anjos, e não demônios." Nada pode macular a visão beatífica, e, se algo a macula, eles seguem adiante depressa, convencidos da bondade e da harmonia fundamentais de sua realidade.[24]

Se na esquizofrenia há a ideia de que tudo é encenado, o agente responsável por isso não quer que a pessoa saiba que se trata de um truque. Para o maníaco-depressivo, entretanto, todos estão nisso juntos: eles sabem que sabemos, numa cumplicidade curiosa e quase reconfortante. De modo similar, na esquizofrenia, o mundo circundante pode se tornar ameaçador ou persecutório, passando de bom a mau com rapidez e pavor. No entanto, para o maníaco-depressivo, essa transição não é muito fácil e é bloqueada pelo que constitui a psicose maníaco-depressiva. O próprio hífen dessa denominação encarna o que a doença tenta fazer: criar uma separação entre dois estados. O bom e o mau têm que ser mantidos separados, custe o que custar.

Tomemos novamente o exemplo de Kay Redfield Jamison, cujos escritos sobre a depressão maníaca foram tão influentes. Logo no início de seu livro de memórias, *Uma mente inquieta*, ela aponta o que talvez viesse a se transformar no momento formativo de sua infância. Ela estava brincando do lado de fora quando um jato, na base militar em que a família morava, começou a entrar em parafuso, descontrolado. O piloto poderia ter se ejetado e salvado a vida, mas preferiu tentar conduzir o avião, para que caísse fora do parquinho em que Jamison e outras crianças brincavam. A cena voltou a assombrá-la repetidas vezes e, embora decerto represente o que poderia ser interpretado como o primeiro contato de uma criança com a morte, será que também não mostra exatamente o tema do sacrifício que vimos discutindo?

O piloto abriu mão da própria vida para salvar outras pessoas, "transformado num ideal causticamente vivo e completamente impossível do que se pretendia dizer com o conceito de dever". O episódio fundiu a imagem do altruísmo, de um ideal e um sacrifício. Evitou-se a violência contra a criança e, se forçarmos um pouco, poderíamos supor que a ideia subjacente seria proteger outra pessoa de suas próprias tendências destrutivas, ou, pelo menos, de um colapso que também seria autoengendrado. Como afirmou Melanie Klein, se o pavor do esquizofrênico é o desmoronamento do seu próprio eu, para o maníaco-depressivo o pavor é o desmoronamento do Outro. Aliás, a antiga psiquiatria havia notado o cuidado dos sujeitos maníaco-depressivos para não ferir outras pessoas, mesmo quando provocados. Quando Patty Duke atirava pratos em seus filhos, durante os episódios maníacos, sua mira era sempre boa o bastante para saber como não acertá-los.[25]

Como uma das pacientes maníacas da psicanalista Edith Jacobson explicou, embora ela devorasse tudo, nada *acontecia* com ninguém nem com coisa alguma: eles continuavam seguros. Aqui, a preocupação central é o dano causado aos objetos do sujeito. Contudo, devemos fazer uma pausa para esmiuçar a ideia de desejos destrutivos. É inegável que a criança vivencia raiva e ódio pelo pai ou pela mãe a quem ama. Mas será realmente esta a raiz de tais temas na depressão maníaca? Uma paciente que tinha sido hospitalizada diversas vezes, por causa de episódios maníacos, explicou-me que, em seus primeiros anos de vida, sentira-se um "fantoche" da mãe, fazendo o que ela mandava e sentindo pavor de qualquer condenação ou censura. Imaginava com frequência a morte da mãe, porém menos como a execução de uma vingança do que como a única forma de libertação. "Eu só poderia ser eu se a mamãe morresse", afirmou. Em seguida, essa ideia gerava uma culpa intensa e devastadora, e produzia comportamentos destinados a agradar ou aplacar a mãe.

As manias posteriores dessa paciente visaram proteger outras pessoas ou aspectos do ambiente. Portanto, o desejo de morte contra a mãe não era realmente um vetor do ódio, mas a condição lógica da emancipação dela própria. Outro sujeito maníaco-depressivo descreveu que, quando sua mania ganhava força, ele era movido por pequenos atos de bondade: "Eu saía para ajudar pessoas." Explicou como se tornou "perito em se identificar com outras pessoas", com a dor delas. Na mania, como observou Terri Cheney, mesmo quando ela estava tomando uma taça de vinho, seu coração se condoía das pobres uvas que tinham sido esmagadas para produzi-lo. Descortina-se de repente a falta que há no mundo, e toda pessoa que passa por perto pode se afigurar um poço de tristeza. Eugen Bleuler relatou um caso em que o paciente comoveu-se a tal ponto com a aflição de um inseto solitário avistado na calçada que entrou numa padaria e comprou um doce grande, no qual deixou a pobre criatura.

O arco da mania inclui esse objetivo de proteger outra pessoa, o que pode então estender-se a atos e projetos beneficentes, como a proteção de animais ou a preservação do meio ambiente. Quando Spike Milligan viu o famoso "Carvalho dos Duendes",[26] uma árvore de novecentos anos que existe nos Kensington Gardens, em Londres, e na qual o escultor Ivor Innes entalhara figuras do reino das fadas, ficou apreensivo ao perceber como as esculturas estavam lascadas e descascando. Norma Farnes descreveu que ele recrutou uma equipe de ajudantes e convenceu a Rentokil a preservar a árvore e a British Paints a fornecer a tinta impermeável, como parte de sua missão de resgate.*

Orgulhoso do sucesso da restauração, ele levou Farnes para ver a árvore em sua glória renovada. A poucos metros do carvalho, "o rosto dele passou do horror a uma tristeza inefável". Parte de uma das asas de fada entalhadas no tronco tinha sido arrancada. Voltando ao escritório, Milligan passou três dias e três noites trancado, sem se comunicar com ninguém, recusando qualquer comida, acabrunhado por um desespero insuportável. Quando enfim saiu de lá e Farnes o questionou sobre essa depressão, Milligan evocou todo o cuidado que fora investido na restauração da árvore, só para vir alguém e quebrar a asa. "Só quero escrever roteiros e livros, poesia e música, para tornar o mundo um lugar melhor."

Isso se coaduna com outro traço peculiar da depressão maníaca. Enquanto hoje uma pessoa maníaco-depressiva que se queixe de estar desenvolvendo uma sintomatolo-

---

* A Rentokil é uma grande empresa de desinsetização e controle de pragas no Reino Unido; a British Paints é uma das maiores produtoras e distribuidoras inglesas de tintas na Europa. (N.T.)

gia obsessiva provavelmente receberá um novo medicamento para eliminá-la, como a clomipramina, a antiga psiquiatria assinalava que os sintomas obsessivos eram, na verdade, um sinal positivo. Muitas vezes se desenvolviam nos intervalos entre as fases e consistiam em dúvidas – "Será que fechei a torneira?" – e em tipos diferentes de atividades de ordenação.

Isso é interessante, já que os sintomas obsessivos podem ser entendidos como formas de evitar prejuízos a terceiros, como um tratamento mínimo das tendências destrutivas do sujeito. Afinal, reconhecer a coexistência do amor e do ódio é uma proposta assustadora. Nas palavras de Patty Duke, "é difícil imaginar que a gente tenha raiva da mãe, que odeie a mãe". Se odiamos e amamos, será que isso não significa que corremos o risco de perder o amor do outro, justamente por causa do nosso ódio?

O ódio, nesse caso, é muito destrutivo não apenas pelo fato de o sujeito estar ameaçado, mas por causa desse risco portentoso de perda. Embora os primeiros estudos sobre os sentimentos ambivalentes tenham tendido a enfatizar o fator quantitativo – quanto ódio havia –, eles deixaram escapar o fato crucial de que a importância maior do ódio se dá quando ele entra em conflito com um ideal. A criança que agride o pai ou a mãe, ou que bate num irmão, só pode se sentir culpada e com raiva dela mesma quando registra que o comportamento violento significa a perda da imagem ideal que ela quer ter para os pais e, portanto, o risco de perder o amor deles.

O Homem dos Ratos, paciente de Freud, era dominado por atos e rituais compulsivos, como tirar uma pedra da calçada, por medo de que um transeunte pudesse tropeçar nela, e depois colocá-la de volta, por medo de que a carruagem de sua amada batesse nela. Assim, cada parte do ritual de retirar e devolver a pedra visava evitar um dano a outra pessoa, mas a própria oscilação continha o crime e seu apagamento.

É comum essas compulsões passarem despercebidas, diluindo-se em traços de caráter. Theodor Reik descreve um paciente que era torturado pela angústia de causar algum dano a seu filho pequeno. Isso tivera início num dia em que ele se perguntara se havia batido com a maçaneta da porta na cabeça do menino, ao entrar num cômodo. A partir daí, tomou precauções para se certificar de que jamais acontecesse algo desse tipo, mas ficou preocupado com o que seus amigos pensariam se o vissem levantar o braço, no meio de uma frase, para medir a distância exata da porta. Assim, passou a falar animadamente, fazendo gestos largos com os braços, apontando para objetos próximos, ou abrindo os braços numa paródia de sentimentos extravagantes. Na verdade, esses gestos eram recursos de medição disfarçados: a nova animação radiante era, na verdade, o disfarce de desejos hostis e a proteção do paciente contra eles.[27]

A sintomatologia obsessiva, com suas procrastinações, rituais e dúvidas, mostra que a proximidade entre o amor e o ódio, entre a preservação e a aniquilação, não pode ser satisfatoriamente resolvida. Incapaz de escolher, a pessoa constrói sintomas que mantêm o conflito numa espécie de estase, na qual os desejos hostis costumam ser mantidos fora da consciência, mas retornam nos rituais e ideias compulsivos. A solicitude exagerada do obsessivo tanto esconde quanto carrega o vetor da destruição.

A depressão maníaca envolve uma separação mais extrema entre amor e ódio, e o esforço de evitar danos às pessoas queridas – ou a negação da própria responsabilidade nisso – talvez esteja por trás do episódio maníaco. Será por acaso que os dois volumes das memórias de Stephen Fry se iniciam por uma alusão a um gesto reparador? A primeira linha de *The Fry Chronicles* ["As crônicas de Fry"] diz: "Preciso realmente parar de pedir desculpas, o que não melhora nem piora as coisas." Em *Moab is My Washpot* ["Moabe é a bacia em que me lavo"], lemos, logo no início, uma história curiosa sobre a proteção de Fry a um garotinho chamado Bunce, que ele conheceu no trem para seu colégio interno. E os Agradecimentos, no final do livro, encerram-se com a justificativa "... só posso dizer Desculpem-me e Obrigado".[28]

Nesse ponto, os excelentes livros de Fry podem nos ajudar a ter uma compreensão maior das questões do sacrifício, da reparação e da dívida na psicose maníaco-depressiva. Logo no começo de *Moab*, ele escreve sobre seu vício em açúcar, iniciado com uma paixão infantil pelo cereal Sugar Puffs. "A mesa do café da manhã é o lugar onde foram plantadas as sementes de minha tristeza. Tenho a convicção de estar certo ao localizar ali o meu primeiro vício" – um vício que passaria do cereal para os doces e para a cocaína. O avô de Fry era especialista no cultivo de beterraba e, quando a perspectiva de outra guerra afigurou-se provável, com o fechamento das rotas marítimas das Índias Ocidentais e da Austrália, o governo britânico o convidou a supervisionar a produção nacional. Ele se mudou de sua cidade natal, Surany, na Hungria – absorvida pela Tchecoslováquia em 1920 –, para Bury St. Edmonds, em Suffolk, na Inglaterra. Essa transferência salvou-lhe a vida: os membros da família Neumann que permaneceram em Surany foram dizimados pelos nazistas.

Como diz Fry: "Se não fosse pelo açúcar, eu nem teria nascido, e, no entanto, por pouco ele também não me matou." O açúcar "deu-me a vida, mas cobrou um preço – uma adesão escravizante. Viciar-me nele e viciar-me em ser viciado no vício". A predileção pelos cereais deslocou-se para os doces, no tempo da escola, e ele furtava dinheiro para poder comprá-los na doceria do vilarejo, lugar proibido aos estudantes. Fry ficou fascinado e extasiado com o novo mundo que a confeitaria lhe abriu: "a dose extra de açúcar dos doces, a animação luminosa e ofuscante das embalagens", que embrulhavam cachimbos de alcaçuz e cigarros de coco, elementos que viriam a coalescer em sua paixão posterior pelo fumo e na imagem de Sherlock Holmes e seu cachimbo. Como observou Fry: "Agora todos os elementos estavam presentes. Açúcar. Pó branco. Tabaco. Desejo. Falta de dinheiro. O proibido."

Ao descrever mais adiante seu problema com os limites, Fry observou que: "Enquanto o Pinóquio tinha o Grilo Falante, eu tinha meu avô húngaro. Ele morreu quando eu estava com dez anos e, desde o dia em que se foi, tive a incômoda consciência de que olhava aqui para baixo e lamentava o que o livro de orações chamaria de meus múltiplos pecados e iniquidades." Se esse avô o via "furtar, mentir e trapacear", era com um olhar que não conseguia impedi-lo de praticar seus delitos, talvez pela simples razão de que aquilo era incoerente. Fry cita o avô dizendo que um judeu húngaro é a única pessoa capaz de entrar numa porta giratória atrás de outro indivíduo e sair na frente dele, aforismo este que é posto na boca de algum personagem em todos os romances de Fry, com exceção de um.

Se essa relação com o avô foi crucial, o que ela pode nos dizer sobre a depressão maníaca como tal? A cadeia traçada por Fry é absolutamente convincente: açúcar – cereal – doces – furtos – pó branco, usado, no dizer dele, não para intensificar, mas para reduzir sua euforia. Podemos notar que o cereal escolhido por ele foi, de fato, o único que realmente continha a palavra "açúcar" no nome – Sugar Puffs –, e que talvez não tenha sido à toa que Fry tenha evocado o icônico Jeremy Bear, personagem símbolo do cereal, quando, anos depois, encontrou tempo em sua agenda ocupadíssima para fazer dois programas de televisão sobre os ursos do Peru. Célebre por sua paixão por computadores Mac, Fry nos diz também que: "O vovô ficava espiando, disso eu sabia. Era a minhoca enorme em todas as maçãs deliciosas que eu roubava."*

Em seguida, Fry descreve como se reinventou em seu primeiro episódio maníaco, e seria puritanismo não reconhecer nisso a identificação com seu avô. Mesmo décadas depois, no programa *The Jonathan Ross Show*, ele usou a mesma expressão, dizendo ao apresentador que tinha "se reinventado", e que ficava "feliz por ver um homem idoso voltar mais uma vez". Assim como o avô de Fry havia adorado tudo que era britânico, bancando "o inglês" nas brincadeiras infantis e vestindo calções de golfe e roupas de *tweed* sempre que possível, Fry observou, a seu próprio respeito, que "simplesmente pareço feito de *tweed*", e destacou a ironia de que ele, um judeu húngaro, viesse a ser a própria encarnação e representação do anglicismo.

---

* Vale lembrar que os computadores Macintosh são produzidos pela Apple [maçã]. (N.T.)

Mas qual seria o contexto dessa identificação? Afinal, todos têm identificações profundamente arraigadas com membros da família. Então Fry não deixa claro, ao dizer que deve sua vida ao açúcar, que sem o açúcar não teria existido? A estrutura global de sua vida é uma dívida. Podemos lembrar aqui que a palavra "mania" vem do grego μανία, termo geralmente traduzido por "loucura" ou "frenesi", mas cuja forma plural evocava os espíritos identificados por Pausânias com as Eumênides, cuja função era justamente perseguir aqueles que não tinham pagado suas dívidas.[29]

Assim, o fato de os sujeitos maníacos contraírem na prática dívidas imensas, bem diante dos olhos de familiares e amigos, adquire um novo sentido. Com isso a pessoa mostra diretamente estar endividada, e o lado altruísta e sacrificial dos episódios maníacos pode ser uma tentativa de quitar essa dívida, ou, ao contrário, de anulá-la. Aqui, a chave é que o maníaco não tem consciência de nenhum senso de dívida até depois do episódio. Levar isso a sério significa que o esforço para pagar as dívidas empíricas da pessoa pode significar, para ela, em muitos casos, apenas recomeçar o ciclo inicial.

Um paciente do psicanalista Abraham Brill descreveu sua euforia maníaca exatamente em termos dessa anulação: "Tornei-me muito bem-humorado. Parecia que todo o senso de responsabilidade tinha me abandonado, e eu me senti muito livre e feliz. Durante a vida inteira eu me sentira constrangido, preso, escravizado pela situação e pelas circunstâncias, e então foi como se eu renascesse para uma vida nova, um outro mundo em que as pessoas eram muito diferentes do que tinham sido."

O exemplo de Brill é particularmente esclarecedor, visto que esse paciente, na verdade, fora responsabilizado pela morte do irmão mais novo, quando criança. A irmã havia tentado fritar um ovo na lareira, causando um incêndio, e o menino morrera nas chamas. A mãe culpara o paciente de Brill por não haver ficado em casa com o irmão nem tê-lo levado consigo ao sair. A mania foi desencadeada após um acidente de trabalho em que o braço dele foi esmagado, tendo depois que ser amputado. Ao olhar para o membro pendente e os dedos mutilados, ele havia pensado: "Esse cara está estraçalhado mesmo." Antes de se iniciar a mania propriamente dita, o paciente vivenciou uma curiosa dissociação: "A minha mente era eu, e o sujeito machucado era uma espécie de irmão fraco pelo qual, de algum modo, eu era parcialmente responsável."

Essa questão da responsabilidade talvez esteja por trás dos temas mais imediatos de hostilidade e destruição que encontramos na depressão maníaca. Se há um esforço para proteger o Outro da própria violência e mantê-lo seguro, não haverá também um problema da responsabilidade que se desloca entre as partes? Fry devia sua vida ao açúcar e ao avô que escapou dos nazistas, mas que dizer da dívida do avô para com aqueles que ele não pôde salvar e que foram deixados para trás? No caso de Kay Redfield Jamison, o ato de sacrifício do piloto criou uma dívida para aqueles a quem ele salvou, uma dívida que talvez também possa ter evocado a questão da responsabilidade por uma morte numa ocasião anterior, na própria história familiar dela.

Em caso após caso, constatamos um dilema quanto à responsabilidade no nível das gerações anteriores. Muitas vezes, foi o pai ou a mãe do maníaco-depressivo que vivenciou a perda trágica de um filho, um irmão ou um dos pais, e a responsabilidade por essa morte permaneceu sem solução. Em suas fases depressivas, uma mulher fazia pesquisas infindáveis na Internet para encontrar imagens de bebês deformados, e remoía tudo que tinha feito de errado na vida. A ideia de que os outros pudessem pensar mal dela era insuportável. Quando na fase maníaca, ela se sentia intensamente poderosa e ajudava profissionais aspirantes de sua área de trabalho a abrirem seus próprios negócios.

Seus episódios maníacos eram desencadeados nos momentos em que os produtos desenhados por ela eram lançados, nos momentos em que "eu trazia alguma coisa ao mundo". Quando menina, ela entreouvira uma conversa em que ficara sabendo que sua mãe tinha sofrido o aborto espontâneo de um bebê, descrito como "só braços e pernas, tudo misturado". Pudemos notar que, nas fases maníacas, ela ajudava aqueles em quem pensava como crianças, ao passo que, nas fases depressivas, sua preocupação com imagens de bebês deformados nunca era conscientemente ligada a suas ruminações sobre as coisas ruins que tinha feito. A questão da responsabilidade pela morte não podia ser diretamente formulada a ela, tal como não podia sê-lo a sua mãe, a qual, por outro lado, responsabilizava a filha por tudo.

Os clínicos que trabalham com a psicose maníaco-depressiva às vezes afirmam que há sempre uma preocupação com a morte em seus pacientes, porém é menos a morte como tal do que a questão da responsabilidade por ela. Isso não deve ser reduzido aos desejos de morte que uma criança possa ter em relação ao pai ou à mãe, pois envolve a relação dos próprios pais com o que eles perderam. A culpa que não pode ser aplacada nem inscrita numa geração persegue a geração seguinte, do mesmo modo que as dívidas são transmitidas. Mas essa dívida não é quitada. Não se cristaliza como paranoia ("o responsável é o Outro") nem como melancolia ("sou eu o responsável"); fica, antes, numa gangorra entre os altos e baixos do sujeito maníaco-depressivo. Se a responsabilidade se vai na mania, ela retorna na depressão.

Será que isso também não nos ajuda a explicar as curiosas oscilações em torno do senso de identidade na depressão maníaca? Uma das perguntas verbalizadas com mais frequência é se a "doença" é uma espécie de corpo estranho, ou se, na verdade, é uma parte intrínseca do eu. A pessoa seria realmente ela mesma, depois da proposta excisão química de sua mania? Os altos e baixos revelam ou escondem quem ela realmente é? Deve a depressão maníaca ser vista como algo que constitui o eu, ou algo que o compromete? A notável ubiquidade dessas perguntas talvez faça eco à incerteza subjacente sobre uma responsabilidade. Não saber se as manias e depressões fazem ou não parte de nós reflete a dificuldade do não saber se a responsabilidade é nossa ou de outra pessoa. E o pensamento mais comum, depois de um episódio maníaco, não é precisamente "O que foi que eu fiz?"?

Talvez a mania envolva uma foraclusão do sentimento consciente de culpa e dívida. Ao seduzir o namorado de sua melhor amiga, Cheney achou que "havia alguma coisa errada nisso, terrivelmente errada, mas o quê, exatamente, eu não conseguia lembrar. Ele era lindo, estava disponível, o que mais importava?" A dívida para com a amiga foi apagada naquele momento. Como disse Patty Duke: "Quando se é maníaco, não há consequências." É notável saber pelos sujeitos maníacos o quanto eles se horrorizam ao reconstituir o que fizeram na fase maníaca. Os contatos e as propostas sexuais feitos a cônjuges ou parceiros dos melhores amigos parecem totalmente naturais nessa ocasião, e só depois ganham seu peso e consequências plenos. A promiscuidade na mania costuma ser vista como um simples exemplo da desinibição generalizada, mas, além dela, será que não demonstra uma abolição temporária das barreiras de culpa que regulam as relações sociais?

Nas fases maníacas, Vivien Leigh costumava fazer um jogo de salão chamado "Modos de matar bebês", no qual seus convidados eram solicitados a fazer a mímica de maneiras inusitadas de se desfazerem de um filho indesejado. Dada a sua própria história – na qual houvera não só um irmão natimorto antes do nascimento dela, mas também, depois dela, gêmeos que não sobreviveram por mais de uma semana, sem falar no seu desapego pela filha e nos intensos sentimentos de ser indesejada com que ela mesma lutava –, o que poderia ter lhe permitido encenar essas fantasias de forma tão descontraída? Não seria a ideia de uma liberação temporária da dívida, da questão da responsabilidade por uma morte, que só chegava a imobilizá-la ao retornar, posteriormente, em suas fases depressivas?[30]

E isto nos traz a outro ponto. Por mais fascinante que seja encontrar ligações entre as memórias de Fry e sua obra ficcional, de nada adianta tentar uma psicobiografia, pela simples razão de que Fry já fez isso. Para muitas pessoas, assinalar os significantes fundamentais de sua existência levaria anos de análise, mas Fry parece ter acesso à cadeia açúcar-doces-cocaína com espantosa facilidade. Entretanto, ele faz mais do que isso. Também apresenta descobertas incrivelmente importantes e significativas como uma espécie de piada. Em vez de encarar essa postura como mera afetação ou modéstia, por que não ligá-la à própria estrutura da depressão maníaca, tantas vezes explorada por Fry?

Isso faz eco à experiência clínica. Os sujeitos maníaco-depressivos podem chegar a estabelecer ligações fundamentais na terapia, as quais surtem pouco ou nenhum efeito, como se os lampejos de compreensão não tivessem valor real. Neste ponto, o que levou alguns clínicos a perderem a esperança de trabalhar com a psicose maníaco-depressiva talvez seja, de fato, uma pista sobre a própria lógica por trás dela. Na fase maníaca, os significantes que determinam a vida do sujeito são apenas palavras entre outras palavras, como se seu peso integral não fosse registrado. Podem ser atirados como meras piadas ou como comentários irreverentes. A depressão representa então o retorno desse peso, cujo impacto maciço fica ausente nas fases maníacas.

Esse descaso com as palavras que determinam nossa vida – o que os psicanalistas chamam de o "simbólico" – talvez seja a própria assinatura da estrutura maníaco-depressiva, e explica por que é tão comum esses sujeitos serem capazes de encontrar laços novos e surpreendentes entre as palavras. Pensemos, por exemplo, na extraordinária destreza verbal de Oscar Wilde, de Fry ou de Sebastian Horsley. A linguagem pode ser revirada pelo avesso, analogias e justaposições deslumbrantes podem ser inventadas e descobertas. Para isso, a pessoa precisa ser capaz de circular pela linguagem, de não ser lastreada por significações – exatamente o que é invertido quando a mania se transforma em depressão. Nesse ponto, a pessoa fica esmagada sob um sentido unívoco: ela não tem valor, não é digna de ser amada, é pecaminosa. Enquanto, na mania, o sentido parece solto e sem amarras, na depressão ele é pesado e constritivo.

Vemos esse descaso com o simbólico no exemplo que evocamos do empregado da Jaguar que sugeriu a mudança da logomarca da companhia. É claro que decisões desse tipo podem acontecer e de fato acontecem, às vezes mudando o futuro das empresas, mas, no caso em questão, o aspecto destacado foi o modo como meu paciente não se sentiu obrigado a honrar o vínculo de longa data entre a logomarca e a empresa. Os dois podiam ser separados, como que desligados um do outro com um pé de cabra. O peso do simbólico não se fazia sentir. O sujeito pode investir nas próprias palavras, mais do que nas significações básicas. Depois, porém, há um preço terrível a pagar – na fase depressiva. Portanto, a agonia depressiva é inteiramente justificada, é uma espécie de desforra. Como certa vez observou o psicanalista Edward Glover, a depressão maníaca é como uma hipertrofia e uma atrofia alternadas da "consciência inconsciente".[31]

O TEMA DA DÍVIDA esclarece muitos outros fenômenos da depressão maníaca. Um jornalista explicou que suas fases maníacas despertavam pouca atenção porque eram absorvidas num "turbilhão de trabalho". Ele nunca dizia não a um pedido de uma matéria em seu campo específico e, nessas ocasiões, ficava sempre freneticamente atarefado. Embora possamos ver o trabalho como uma forma de ele usar sua "energia" maníaca de modo frutífero, será que a aceitação sistemática de todos os pedidos não mostra também a sensação de uma dívida não paga? Isso é algo que ouvimos com frequência dos sujeitos maníaco-depressivos, especialmente no mundo das comunicações: ainda que isso possa ir contra seu bom senso profissional, eles têm dificuldade de dizer não a um trabalho, por medo de decepcionar o Outro.

Talvez isso lance luz sobre a estranha proximidade entre gastar e roubar nas fases maníacas. Já vimos que os desvarios de compras tendem a ser custeados com dinheiro tomado de empréstimo, sendo que esse socorro financeiro vem, em geral, depois do gasto em si. O sujeito maníaco despende um dinheiro que, na maioria dos casos, não possui. Mas essas compras desenfreadas também podem assumir a forma mais modesta de uma série de furtos. Como explicou Behrman: "Na maioria dos dias, preciso ser o mais maníaco possível, para chegar o mais perto que puder da destruição, para entrar num barato realmente bom – uma orgia de 25 mil dólares de compras, uma farra de quatro dias me drogando, ou uma viagem de volta ao mundo. Noutros dias, basta o simples barato de uma ida a uma loja da [rede de farmácias] Duane Reade para roubar uma escova de dentes ou um vidro de Tylenol."[32]

O que haveria em comum entre gastar e roubar? Num nível imediato, quando o gasto ocorre sem que haja fundos para bancá-lo, pode-se interpretá-lo como uma forma de roubo, aliás incentivada pelos mercados contemporâneos, que dependem de que as pessoas gastem um dinheiro que não têm. Em outro nível, as duas atividades envolvem tirar algo de um lugar significativo, de uma determinada loja de departamentos ou butique. É como se a pessoa comprasse sem pagar, e é comum os sujeitos maníacos descreverem sua sensação de um mundo de fartura, de suprimentos, um mundo em que as coisas não acabam. Jamison escreveu que, em suas orgias maníacas de compras, "eu não conseguia me preocupar com o dinheiro nem se quisesse. E, assim, não me preocupava. O dinheiro viria de algum lugar; eu tinha aquele direito; Deus proverá." A paciente de Jacobson dizia que "o mundo é tão rico que não tem fim". Para Duke, na mania, "vamos ser milionários, e acreditamos nisso". Nas palavras de um de meus pacientes, ao falar de cigarros, um dia: "O problema do cigarro é que a gente sempre tem mais."

No estado maníaco, o mundo parece generoso e clemente. Está tudo ali para ser tomado e desfrutado. Na verdade, é como se a pessoa fosse despojada de sua própria estrutura sociossimbólica, tanto religiosa quanto econômica. Desaparecem a ética de trabalho que é peculiar ao meio de origem daquela pessoa, o pudor ou a inibição compatíveis com sua cultura, e até, vez por outra, as proibições dietéticas de sua religião. Seu senso de vitalidade e energia parece proporcional a essa perda: à medida que se desfaz das limitações das forças que a moldaram, ela "renasce", e o mundo parece radicalmente novo e promissor.

Mas, assim como a dívida para com a própria origem e história pode se suavizar subitamente no episódio maníaco, ela retorna com força na fase depressiva. Nessa hora, a pessoa fica tão aprisionada que, às vezes, literalmente não consegue se mexer. Quando os amigos bem-intencionados de Adams lhe diziam para sair mais, para procurar fazer umas caminhadas, o que não percebiam era que ele não conseguia nem sequer passar do portão da frente, a tal ponto estava paralisado. Se na euforia maníaca a pessoa pega alguma coisa sem pagar, agora ela paga, sem a menor dúvida. Não há como anular a dívida sem que ela retorne em suas formas letais, incapacitantes.

Se na mania a pessoa tem a sensação radiante de já não ser julgada, de já não ser responsável, nas depressões o julgamento retorna de maneira violenta, estraçalhante. O fato de inúmeros sujeitos maníaco-depressivos relatarem, em suas fases depressivas, que remoem mentalmente todas as coisas ruins que fizeram, mesmo depois de anos, mostra que qualquer acontecimento da vida, por mais trivial que seja, pode ser recrutado para acrescentar força ao julgamento condenatório. Se na mania a fala da pessoa pode se deslocar de um tema para outro com facilidade e fluência, na depressão as palavras podem ficar limitadas à mera repetição infindável de uma única frase: "Eu sou um babaca."

Pensemos um pouco mais, neste ponto, no elo entre gastar e roubar. Um homem maníaco-depressivo descreveu que saía para furtar lojas toda vez que suas expectativas eram destroçadas. "Eu ficava irado, com ódio, como se as coisas tivessem sido destruídas para mim. Roubar era como que me vingar." Note-se que a ênfase, aqui, é em como as coisas eram destruídas *para ele*, e não em como *ele mesmo* as teria destruído. Os furtos tinham começado na escola, onde ele sempre havia tirado coisas de outras crianças que possuíam mais do que ele, as crianças ricas que vinham de casas melhores, de famílias melhores que a sua.

A lógica subjacente sugere que roubar estava ligado à própria questão de sua identidade: "Se não posso *ser* um deles, vou *tirar* algo deles." A paciente que falou de seus desvarios de compras como "acessórios não ativados" era guiada pela mesma equação. O homem com quem estava envolvida, e que acabava pagando a conta dos seus gastos, vinha de uma classe e uma cultura a que ela sempre havia aspirado, apesar da barreira de sua própria origem mais modesta. Se as roupas que ela comprava eram imagens de quem ela poderia ser para esse homem nas festas sofisticadas e nas partidas de polo que imaginava, através da criação da dívida ela também o fazia pagar.

No caso de Behrman, ele trabalhava para um pintor de Nova York, a princípio cuidando de suas relações públicas e, posteriormente, assumindo mais e mais as funções de seu empresário. O pintor era bem-sucedido, confiante e rico – qualidades pelas quais Behrman sentia-se atraído. Em pouco tempo, ele se mancomunou com um dos assistentes do pintor, falsificando quadros, vendendo-os como originais e chegando até a assinar pessoalmente as obras. No caso de Stephen Fry, sua farra inicial de gastos foi financiada por cartões de crédito roubados, tirados das próprias famílias inglesas que ele havia admirado e respeitado. Se ele portou as insígnias do avô em seu ato de "reinvenção", convém não esquecermos que esse era o avô que, na Hungria, tinha sido fascinado por tudo que era inglês, usando roupas de *tweed* e gravitando para uma imagem que era incompatível com sua cultura judaica. Tanto em Behrman quanto em Fry encontramos um eco da fórmula "Se não posso ser eles, vou roubar deles".

A LIGAÇÃO ENTRE gastar e roubar também pode ser examinada por outro ângulo. As duas coisas visam as posses, e a psiquiatria antiga assinalou com frequência o interesse dos sujeitos maníaco-depressivos pela aquisição de coisas, quer na forma de objetos adquiridos em compras desenfreadas, quer na de objetos acumulados durante a internação hospitalar. Como observou Griesinger, seus pacientes colecionavam, acumulavam e furtavam. Seria para negar ou compensar alguma perda que houvessem vivenciado em épocas passadas?[33]

Certamente existem muitos casos em que a mania é desencadeada depois de uma perda, e a negação tem sido vista, com frequência, como o mecanismo principal.[34] Ao mesmo tempo, entretanto, perder alguém que amamos faz-nos confrontar o que ele era para nós e o que éramos para ele. Além do tema óbvio da negação, talvez haja a preocupação mais profunda com a proteção da pessoa amada, mesmo depois de ela nos deixar ou morrer. Afinal, ela existe psiquicamente para nós, mesmo quando já não está presente, e impedir que sofra algum dano pode explicar parte do altruísmo da mania.

Nos episódios maníacos, Patty Duke corria a cidade inteira, tomada pela premência de pôr tudo o que possuía, de lenços de papel a brincos, em cofres bancários. Quando notamos a frequência com que os sujeitos maníaco-depressivos falam de regar demasiadamente as plantas, podemos imaginar que o mesmo objetivo de reparação esteja em jogo: o de manter em segurança alguma coisa. Os onipresentes fenômenos obsessivos de arrumar e ordenar também podem ser vistos, neste ponto, como esforços para garantir que as coisas estejam no lugar certo, isto é, protegidas de danos.

Portanto, há na mania um verdadeiro dilema de equilibrar a preservação e a destruição. Há algo que deve ser protegido da raiva do sujeito ou de suas tendências autodestrutivas. Em vez de lutar com a mescla confusa e turbulenta de amor e ódio, destruição e admiração, o maníaco-depressivo opta por uma solução mais extrema e, em última análise, mais coerente: separar categoricamente amor e ódio, para que um não contamine o outro. Isso significa, efetivamente, que o mundo do maníaco-depressivo é povoado por demônios e anjos. Ou é abundantemente cheio, ou é desesperadamente vazio.

Aqui, como observou Melanie Klein, o esforço está em manter os traços negativos e positivos separados uns dos outros. Será possível que a mania, em si, seja o que acontece quando eles se aproximam demais? Como explicou uma paciente maníaco-depressiva, seus episódios maníacos eram desencadeados quando "havia uma coisa em que era ruim demais pensar, um conflito conflitante demais". Na impossibilidade de simbolizar as ideias conflitantes *como conflito*, elas são cindidas. Talvez seja por isso que a raiva e a frustração são tão importantes nesse caso. "Quando não resta mais nada além da raiva", dizia uma paciente, "ela se transforma em exultação." Para ela, os episódios maníacos eram "raiva destilada". Perguntada sobre o que precipitava esses episódios, ela respondia de imediato: "É quando fico com raiva de alguém de quem gosto."

A cisão entre amor e ódio pode assumir diversas formas. Outra paciente descreveu as oscilações de humor de sua mãe como tão insuportáveis que era mais fácil pensar que ela tinha não uma, e sim duas mães. E já que tinha uma mãe boa e outra má, ela podia dirigir o amor para uma e o ódio para a outra. Duke descreveu como costumava rezar, pedindo a Deus que sua mãe em depressão aguda saísse do quarto e fosse "a mamãe que ela era na semana passada".

Essa ideia modula a concepção muito simplista do "mundo como seio" na depressão maníaca. Afirmou-se que as euforias maníacas repetem a experiência de ser amamentado(a) no seio gratificante, e que as depressões repetem a vivência do seio frustrante. Mas, se a oferta parece interminável na mania e esvaziada na depressão, em vez de ver isso apenas como o reflexo de um seio doador de leite e um seio seco ou ausente, será que não se trata do próprio esforço, como assinalou Klein, de rejeitar o fato de que o seio é doador e não doador, gratificante e frustrante ao mesmo tempo? Ele é "todo oferta" ou "nenhuma oferta", em vez de ser "tudo e nada".[35]

A DEPRESSÃO MANÍACA é o esforço de separar, de manter uma diferenciação elementar no lugar de um conjunto mais confuso e mais penoso de contradições. E talvez seja esse o verdadeiro sentido da bipolaridade: não a alternância de estados de humor que grande parte da psiquiatria contemporânea anseia tanto por caracterizar como patológica, mas a busca, por parte do indivíduo, de uma bipolaridade primária, de uma cisão basal dos traços. Quando os pesquisadores discutem onde terminam as alternâncias de humor do cotidiano e começa a bipolaridade, perdem de vista um aspecto crucial: o de que a depressão maníaca tem a ver, precisamente, com o esforço de criar extremos, de criar um mundo de opostos. Portanto, não faz sentido tentar encontrar bipolaridade nas oscilações de humor, a menos que isso seja o que a própria pessoa está tentando fazer.

O que parece constituir extremos de conduta na psicose maníaco-depressiva, portanto, são maneiras de purificar os extremos: o cinza tem que ser separado em branco e preto. Nas palavras de Terri Cheney, "a mania não dá apenas o desejo de extremos, mas dá a energia para buscá-los". Os binários devem manter-se distintos, e a bipolaridade é menos um pêndulo de humores que um esforço de manter dois polos separados. Cheney nos diz que a mania é mais do que uma "doença" – é um modo de pensar: "O mundo devia ser de um jeito ou de outro..." "Ou os homens nos faziam sentir segurança, ou nos faziam sangrar. Quando não eram deuses, eram vilões..."[36]

Podemos ver a bipolaridade aí como uma espécie de solução. Uma paciente descreveu a eclosão de um episódio maníaco depois de ver no metrô uma mulher parecida com sua mãe, lendo um livro intitulado *Espíritos angelicais*. Para ela, isso era uma contradição, pois os anjos eram bons, mas ela sempre havia pensado em sua mãe como um "espírito", quando a mãe era possuída por uma força maléfica. Logo, os "espíritos angelicais" tinham que se manter separados, e fundi-los era impossível. Os muitos pares binários que emergiram na fase maníaca subsequente poderiam ser vistos como maneiras de manter a separação entre os dois.

Outra paciente descreveu que, quando hospitalizada, havia "usado símbolos" para recuperar o equilíbrio. A luz do sol era ruim, mas a escuridão da noite era boa. Depois, ela havia usado esses termos para gerar conjuntos, a fim de que todas as coisas ruins fossem "simbolizadas" pela luz do sol, e todas as coisas boas, pela escuridão. Então, dado que ela ficava acordada a noite inteira, o bom e o mau podiam ser separados. Ela tentava dormir exatamente nos pontos em que as barreiras entre a luz e a escuridão eram mais fluidas: no pôr do sol e no amanhecer.

Poderíamos relembrar aqui Spike Milligan e o Carvalho dos Duendes. Em vez de sentir uma mescla de tristeza e raiva, talvez, ao encontrar o trabalho de restauração da árvore maculado pela asa quebrada da fada, ele foi lançado num redemoinho de desespero. O mal não podia contaminar o bem. Para Milligan, isto era decisivo: os dois traços tinham que se manter categoricamente separados.

Essa separação pode ser vista como um modo de tratar a questão da responsabilidade que evocamos antes. A asa quebrada significou que Milligan havia falhado e que suas dívidas não tinham sido zeradas. Nesse momento, a responsabilidade o atingiu como um trem-bala. Aquilo não era culpa de vândalos ou de uma criança descuidada, mas dele, e a magnitude da culpa que sentiu nessa hora sugere que ela foi o veículo de alguma outra coisa vinda do passado de Milligan ou de sua família.

Qualquer situação que envolva violência e ódio pode acionar esse tema da responsabilidade e, com ele, a importância de proteger o Outro de danos. Como disse um paciente: "Não é tanto a agressão, mas o fato de que as pessoas vão pensar que a agressão foi *minha*." Existe um horror de ser visto como violento, como se fosse preciso manter a qualquer preço um ideal de pacifismo. Os atos altruístas visam garantir esse ideal, donde qualquer sugestão de hostilidade ou falha pode ser devastadora: confrontaria a pessoa com uma responsabilidade que nunca pode ser inteiramente assumida.

Uma das maneiras mais frequentes de salvaguardar os outros é idealizá-los, e é impressionante ver como isso ecoa nos livros de memórias de sujeitos maníaco-depressivos. Ao lermos escritos dos que foram rotulados de "esquizofrênicos", é comum vermos uma crítica aos sistemas dominantes de valores, ao passo que, nos textos dos maníaco-depressivos, encontramos menos crítica do que endosso. Páginas de desapontamento com profissionais de saúde mental e com medicamentos são quase invariavelmente seguidas por frases como estas:

"Então encontrei o melhor de todos os médicos."
"Então encontrei o melhor de todos os terapeutas."
"Então descobri o remédio perfeito."

Em muitos aspectos, o texto de Jamison, por exemplo, é uma apologia do lítio, com uma idealização da "Ciência" e dos bons médicos. A montanha-russa de sua vida sempre termina no louvor a um médico, um remédio ou um terapeuta. Sem negar o valor desses agentes, é tentador supor que não foi simplesmente o médico ou o remédio que a ajudou, mas a função real da própria idealização. Por outro lado, é de fato extraordinário que alguém que conheceu tantos profissionais, leu tantos livros e teve tantos encontros com o sistema de saúde mental ainda consiga se proteger atrás da ideia de que a "Ciência" soluciona os problemas.

Enquanto os sujeitos esquizofrênicos frequentemente questionam as estruturas de poder, os maníaco-depressivos podem investir alguma pessoa ou órgão de uma autoridade irrepreensível. Fromm-Reichmann e seus colegas assinalaram que qualquer terapeuta que trabalhe com a esquizofrenia precisa respeitar no paciente a necessidade de certo grau de "isolamento, ceticismo e independência em relação aos valores convencionais". Na depressão maníaca, ao contrário, "o terapeuta deve ajudar [o paciente] a romper sua dependência da família ou dos substitutos dela e a reavaliar as convenções familiares". O maníaco-depressivo não desistiu de sua crença no Outro. A ênfase, portanto, no dizer desses autores, deve incidir em questionar as convenções, minar as idealizações da autoridade que já se encontram em ação.

Tais idealizações também podem funcionar como uma forma artificial de dívida. Quando Jamison nos diz que "a dívida que tenho para com meu psiquiatra é indescritível", podemos ler essa afirmação em termos literais. A idealização pode ser um modo de construir uma dívida. Se a depressão maníaca gira em torno de uma foraclusão da dívida, faz sentido criar uma nova dívida, especialmente se ela for sentida como enorme. Às vezes, a sensação de endividamento perante uma autoridade pode ajudar a estabilizar a depressão maníaca, e seria precipitado fazer campanha contra as idealizações sem refletir devidamente sobre a sua função em cada caso individual.[37]

Isso também pode estar ligado à busca generalizada da perfeição, tal como vivida por inúmeros sujeitos maníaco-depressivos. Confrontada com a incoerência de um pai ou uma mãe, com o limbo apavorante de não saber se será amada ou ignorada da próxima vez que o/a vir, a criança pode construir um ideal de perfeição pessoal e parental. Se a perfeição pessoal implica a identificação com uma imagem ideal, compatível com o que a criança imagina que o pai ou a mãe quer que ela seja, a perfeição parental significa que as oscilações desse próprio pai ou mãe são negadas. Com grande frequência, essa operação é posteriormente realizada, na vida, mediante o uso de substitutos parentais, de modo que o sujeito descobre que alguém é a encarnação do olhar coerente e benevolente: um médico, um terapeuta, um amigo. Em geral, há uma pequena distância entre ele e essa pessoa, o que permite que a idealização se perpetue. Afinal, o excesso de proximidade significaria uma decepção inevitável.

Quando as coisas não vão bem, pode haver um esforço de apelar para esse ideal, que pode assumir a forma de um homem ou mulher perfeitos, ou, em certos casos, da "perfeição" de uma casa ou um objeto. Duke descreve que fazia o máximo para criar refeições ou férias perfeitas para sua família, mas sentia uma raiva cada vez maior quando esse ideal ficava comprometido. "Eu tinha expectativas de que tudo fosse perfeito, expectativas que nunca poderiam ser realizadas." No entanto, em vez de as coisas serem simplesmente falhas ou deficientes, eram catastróficas: "Já que a ocasião não podia ser o que eu esperava, seria uma merda. Então, eu fazia com que fosse uma merda." Ela rasgava a decoração, quebrava pratos ou esfaqueava a bancada da cozinha com um facão. Ao que se seguiam os seus esforços para consertar, para tornar tudo perfeito outra vez.[38]

Se a mania pode ser um modo de tentar separar o bom e o mau, temos uma pista do que acontece quando a euforia começa a diminuir. Com grande frequência, a pessoa se acalma através de uma forma concentrada de ódio, em geral sob a forma de uma ideia paranoide. Depois da alegria e do entusiasmo de suas fases maníacas, um paciente pensava, enojado, num homem que havia agido mal com ele e afundado sua empresa, anos antes. Embora esses pensamentos fossem intensamente desagradáveis, ainda assim eles o estabilizavam: "Penso naquele rato de cinco em cinco minutos", dizia ele, construindo fantasias de vingança e repassando-as mentalmente, num suceder interminável.

Em outro caso, uma mulher com episódios maníacos descreveu como sua sede de bebidas e drogas transformava-se numa fantasia homicida quando a euforia "entrava em recesso". No início, sua agressão era dirigida contra alguém com quem houvesse lidado durante o dia. Depois vinha a ânsia de álcool e drogas, a qual, com o avançar da noite, passava para fantasias em que ela cravava o salto do sapato no rosto de uma mulher que ela soubera haver maltratado um gato. Ocorre que a paciente soubera da conduta dessa mulher mais de um ano antes, porém isso só vinha à tona nessas ocasiões, em suas fantasias de vingança.

Talvez pareça que essas ideias negativas precisam ser tratadas à parte, e de fato é comum se prescreverem medicamentos para aliviá-las, mas é importante reconhecer seu valor funcional. Por mais dolorosas que sejam, elas podem proteger a pessoa de algo muito pior. Adams descreveu sua obsessão crescente com o acesso a uma escada de incêndio, durante a produção de uma peça: "Certo de que eu tinha razão e de que todos os outros estavam errados, aquela era uma causa de que eu não podia abrir mão, fossem quais fossem as consequências para mim." Embora isso tenha levado a desentendimentos com outros membros da equipe, talvez seu valor último tenha sido terapêutico.

Aqui também poderíamos pensar nas muitas brigas que Spike Milligan teve com instituições, em particular com a loja Harrods ou com a BBC. "Não deixe esses sacanas se safarem", dizia, despejando energia e tempo em disputas sobre a brancura de envelopes brancos ou em causas maiores, como salvar árvores ou espécies locais ameaçadas. Devemos recordar que o trabalho de campanha permite que se faça não apenas o "bem", mas também que se construa um inimigo: não se trata apenas de lutar por uma causa, mas de lutar contra algum órgão ou indivíduo. Esse novo perseguidor pode ajudar a moderar a mania.

Criar perseguidores é uma solução pela simples razão de que põe a "maldade" fora do eu, organizando-a e separando-a do que quer que se considere "bom". Embora isso possa gerar toda sorte de brigas com vizinhos, lojas ou instituições, também pode assumir a forma mais banal da limpeza da casa.[39] Seria difícil encontrar um caso de depressão maníaca em que essa atividade não tenha um lugar importante, ou, a rigor, encontrar um livro de memórias em que ela não seja mencionada. Embora isso possa ser interpretado como um ato de reparação do corpo materno, simbolizado pela casa, será que também não devemos vê-lo como um modo de criar uma divisão binária elementar, de separar o bom e o mau, o sujo e o limpo, numa cisão que surtiria efeito sobre a intensidade da raiva depressiva?

Era comum Vivien Leigh decidir que toda a sua propriedade campestre em Notley tinha que ficar impecável, e ela então se empenhava numa maratona de limpeza e polimento. Em Nova York, durante um episódio maníaco, ela começou a catar a sujeira imaginária de um tapete até ser finalmente sedada. Behrman passava o aspirador em seu apartamento de forma implacável, centímetro por centímetro, sentindo uma estranha satisfação quando todo o pó e a sujeira eram retirados. E, durante um período de hospitalização, Brian Adams fez campanha para que a direção do fundo de assistência à saúde adotasse uma limpeza apropriada.

A sintomatologia obsessiva pode ser vista aqui sob um novo prisma. Com certeza, limpar e arrumar podem constituir maneiras de lidar com a dúvida, como vimos antes, mas também podem ser um modo fundamental de manter as coisas separadas. Assim como duas características têm que ser cindidas na mania, a limpeza pode ter por objetivo diferenciar o limpo do sujo. É outra maneira de dividir o espaço e criar uma fronteira entre duas coisas, para que elas não se contaminem mutuamente.

A história da campanha de Adams é uma prova bastante trágica do abismo cada vez maior entre os administradores da saúde e os pacientes. Após uma série de cartas entre as partes, um funcionário do fundo de assistência concluiu: "Consideramos que, de modo geral, o pavilhão é mantido limpo num padrão mais que satisfatório. Todavia, compreendo que, do ponto de vista do consumidor, talvez nem sempre pareça ser assim." Que estranho, observou Adams, que as pessoas que aparentemente sofrem de doenças que levam sua visão da realidade a ser considerada falha sejam informadas de que, de fato, o tapete imundo só está imundo do ponto de vista delas, com isso reforçando a própria separação entre "realidade" e "fantasia" que a sua internação hospitalar pretende corrigir.

Se às vezes as ideias paranoides anunciam o fim de um episódio maníaco e podem exercer um papel protetor, do que elas protegem, afinal? Jamison fala num "nível quase arterial de agonia" em suas fases depressivas, "uma dor implacável e incessante" que, em alguns casos de psicose maníaco-depressiva, podem levar ao suicídio. Vimos que essas fases de baixa podem ser entendidas como uma desforra, na qual o retorno do sentimento de dívida da pessoa passa a ser sentido em todos os cantos da mente e em cada músculo do corpo.

A psicanálise, nesse ponto, cometeu muitas vezes o erro de combinar a melancolia com a mania, porém as melancolias sem mania são bem diferentes das fases depressivas da depressão maníaca.[40] Como assinalou Behrman: "Ao contrário do que acredita a maioria dos psiquiatras, a depressão da psicose maníaco-depressiva não é a mesma que os deprimidos unipolares relatam. ... Minhas depressões assemelhavam-se a tornados – episódios acelerados que me levavam a fúrias sombrias de pavor." Essa diferença talvez se reflita no fato de a expressão "psicose maníaco-melancólica", embora usada no fim do século XIX, nunca ter se tornado corrente, como se houvesse, em algum nível, um registro de que não havia uma equiparação simples entre a melancolia e os tipos de depressão aqui examinados.

Para Jamison, suas depressões eram temperadas por "períodos de um terrível e frenético desassossego". Seus pensamentos ficavam "encharcados de sons e imagens medonhos de decadência e agonia". O "caráter mortífero" das imagens da fumaça e das chamas do desastre aéreo que ela testemunhara quando criança estava sempre presente, "entrelaçado de algum modo com a beleza e a vitalidade da vida". Sua mente girava incessantemente em torno do tema da morte. "Eu ia morrer, que diferença fazia alguma coisa? A vida era curta e sem sentido, para que viver?" Exausta, ela mal conseguia levantar da cama de manhã. Descreveu que "arrastava a mente e o corpo exauridos por um cemitério local, remoendo ideias sobre quanto tempo cada um de seus habitantes teria vivido, antes do momento derradeiro". "Tudo era um lembrete de que tudo acabava no necrotério."[41]

Para Milligan,

A dor é extrema
Mil invernos sombrios
   crescem em minha cabeça
Em meus ouvidos
   o som dos
futuros mortos.[42]

Aqui, a ênfase recai no caráter transitório e sem sentido de nossa vida. O esforço e as realizações humanos nada são, já que todos nos transformaremos em pó. O brilho da vida esmaece de repente, quando o espectro da mortalidade invade os pensamentos do maníaco-depressivo. Isso é bem diferente da depressão do melancólico, que gira em torno de ideias de ruína moral, espiritual ou corporal. Na melancolia, a pessoa se enfurece consigo mesma, irradiando uma ladainha de autorrecriminações e se queixando sem parar de algum pecado ou erro cuja culpa é sua.

É óbvio que o sentimento de culpa está presente na depressão maníaca, mas há também algo diferente. Embora o melancólico possa se queixar de estar arruinado ou destruído, ele atribui o processo destrutivo a si mesmo, ao passo que o maníaco-depressivo coloca esse processo fora de si. É a diferença entre "eu destruí o Outro" e "o Outro me destruiu". Ainda que as ideias de desvalia e decadência possam estar presentes em ambos, a ênfase é diferente. Do mesmo modo, enquanto o melancólico com frequência sente culpa por algum ato ocorrido no passado, é interessante notar que o sujeito maníaco-depressivo não raro situa a catástrofe no futuro. Algo terrível vai acontecer.

E, embora o maníaco-depressivo possa se sentir sem valor e desprezível, há menos fixação na autocensura e uma insistência menor em contar isso ao mundo. Essas características são cruciais para permitir o diagnóstico correto da depressão maníaca e para distingui-la da melancolia. Enquanto na melancolia a pessoa carrega a falha em seus próprios ombros, decidida em sua autodegradação e autopunição, na depressão maníaca a falha *oscila*. Nas fases depressivas, a pessoa percorre não apenas seus próprios erros e maus desempenhos, mas também os dos outros e as muitas maneiras pelas quais os outros a prejudicaram. Daí as fantasias comuns de vingança do maníaco-depressivo, ausentes na melancolia. Em suas terríveis depressões, Patty Duke se punia *e* responsabilizava os outros: "Minhas ideias variavam desde culpar os outros até ansiar pela paz de espírito absolutamente inatingível."[43] É como se a raiva não pudesse ser inteiramente absorvida pela culpa, uma vez que a culpa não atinge a fixidez delirante que tem na melancolia.

Outra diferença é importante aqui. Muitas vezes, o sujeito maníaco-depressivo pode se sentir paralisado durante a fase depressiva, como se até a mais simples decisão do cotidiano fosse impossível de ser tomada. Ao levantar da cama, ele se pergunta que roupa deve usar, o que deve comer, em que direção deve andar e que palavras deve proferir quando alguém o cumprimentar. Enquanto, na mania, as decisões simplesmente parecem tomar-se sozinhas, no estado depressivo tudo se congela, como se as decisões se transformassem em tarefas insuperáveis. "Não era que eu não pudesse decidir", disse-me um paciente. "É que simplesmente já não havia nenhum 'eu' *para* tomar a decisão."

Se o "eu" é tratado como um objeto pernicioso na depressão melancólica, e por isso se faz muito presente, aqui ele é apagado. "Eu me sentia como se tivesse perdido a mim mesmo", explicou um homem. "Só queria ficar quieto, retirar-me do mundo físico." Uma mulher descreveu que "só queria ficar deitada. Eu simplesmente parava, como se houvesse um buraco no meio da minha alma". Vivien Leigh, em suas piores fases de depressão, tinha a sensação de ser "como uma coisa, uma ameba, no fundo do mar". É difícil não imaginar os atrativos do intenso sentimento de identidade experimentado durante a mania, ao contrastá-lo com esse vazio.

Se aqui as depressões são paralisantes, elas não são necessariamente lentas. As depressões faiscantes e aceleradas que muitos sujeitos maníaco-depressivos experimentam talvez sugiram que a separação das características, que dissemos ser um objetivo da depressão maníaca, é inexequível. Mais uma vez, o termo "depressão maníaca" revela-se sugestivo: a depressão em si pode ser maníaca. Existe aí, é claro, uma grande variação clínica, mas o modelo simples do pêndulo, que envolve a oscilação de um estado para outro, deve ser questionado, como assinalaram muitos maníaco-depressivos. De fato, a psiquiatria do início do século XX observou que os chamados "estados mistos", nos quais parecia haver um amálgama de mania e depressão, talvez fossem ainda mais frequentes do que a mania pura ou as baixas depressivas. Os sentimentos podem mudar do êxtase para o desespero em questão de segundos.

Um homem descreveu seus estados mistos "como um CD pulando". Incapaz de passar mais de trinta segundos sentado, ele vivenciava um sentimento agudo e devastador de frustração. "Isso é pior que qualquer depressão", prosseguiu. "A gente não sabe dizer se está alegre ou triste." Neste ponto, poderíamos observar que o horror dos estados mistos identifica-se com o fracasso de um binário – nem alegre nem triste –, o que indica, mais uma vez, que a produção de contrastes, de uma divisão, pode ser aquilo que a depressão maníaca visa como solução. Como disse outra pessoa maníaco-depressiva, desta vez ao encontrar um binário: "Os altos não são tão felizes e, na verdade, 'altos' e 'baixos' não são as palavras certas. Está mais para 'veloz' e 'lento'."

Jane Pauley descreveu que suas "marés de humor", nesses estados, "corriam nas duas direções ao mesmo tempo". "Parecia uma miniatura de corrida de moto-cross acontecendo na minha cabeça." Jamison descreveu as intensas fusões de "negros estados de ânimo e grandes paixões". Questionou, com acerto, a rígida separação entre depressão e mania, escrevendo que "essa polarização de dois estados clínicos contraria tudo que sabemos sobre a natureza fervilhante e oscilante da doença maníaco-depressiva", e questionou a possibilidade de a mania ser simplesmente uma forma extrema de depressão – ideia inicialmente veiculada pelos discípulos de Freud. Com efeito, Kraepelin, cujo trabalho serviu para popularizar a ideia de "insanidade" maníaco-depressiva, pôde concluir que seria incorreto dizer que uma pessoa é maníaca ou depressiva. Essa descrição é "totalmente artificial e arbitrária".

De fato, nossa argumentação sugere que, se a depressão maníaca é um esforço para separar e diferenciar polaridades, os estados mistos poderiam ser vistos como o estado psíquico básico original, e não como uma espécie de subproduto patológico. A rígida separação evocada por Jamison talvez seja, precisamente, o que o sujeito maníaco-depressivo busca, mas, na maioria dos casos, não consegue criar. Cheney assim descreveu, brilhantemente, a experiência dos estados mistos: "Eu ficava cheia de uma energia irrequieta e não dissipada, que não tinha para onde ir, fazendo-me querer explodir e quebrar alguma coisa, de preferência algo que se espatifasse e tilintasse em mil pedacinhos reconfortantes." Havia nisso toda a energia da mania, mas não a euforia. Ela sentia uma necessidade desesperada de bater em alguma coisa, mas, quando de fato bateu no homem com quem estava numa dada ocasião, lamentou-o no mesmo instante: tinha de bater em alguma coisa, mas "nunca pretendi que fosse em você".[44]

A única coisa que dava a Cheney alguma sensação de alívio era o som de vidro ou porcelana quebrando, e ela espatifava uma xícara após outra. "Poucas coisas", escreveu, "são fortes o bastante para sobreviver a esse choque mortal da mania e da depressão. Não o amor, com certeza. O amor é frágil demais: é uma janela panorâmica, implorando para ser estilhaçada." Poderíamos ligar essa passagem a uma lembrança do segundo livro dela, na qual, arrasada pelo fato de o pai ter escolhido a mãe, e não a ela, para jantar fora, Cheney espatifou um espelho de corpo inteiro. Voaram cacos de vidro para todo lado e, naquele momento, ela soube que havia "assassinado a voz da minha mãe", a voz que disse "não" à possibilidade de ela os acompanhar.

Aqui talvez sua mania tenha sido uma forma de exclusão da mãe, porém o que é mais notável no relato de Cheney é a fragilidade do amor. A mania é comumente acompanhada por um senso de amor disseminado, universal, mas nesse caso ele é descrito como uma mera "janela panorâmica" à espera de ser quebrada. Pela autobiografia de Cheney, sabemos que suas fases maníacas envolviam uma identificação com o pai entusiástico e cheio de energia. Empolgar-se com as maquinações dele tinha sido uma parte crucial de sua infância, e ficamos com a sensação de que seus entusiasmos eram um modo de criar uma distância da mãe. O amor pelo pai baseava-se nesses frágeis momentos compartilhados de animação, vitais para permitir uma fuga da mãe, porém, ao mesmo tempo, fadados a se desintegrar, como o ônibus espacial evocado por meu paciente.

Quanto mais frágil o amor, maior, talvez, a necessidade de investir nele. E isso pode fazer parte do extraordinário senso de lealdade que encontramos na depressão maníaca. Por mais que sejam maltratados, injustiçados ou difamados por algum indivíduo significativo, os portadores da doença permanecem fiéis a ele, mesmo que outras pessoas do seu círculo sejam abandonadas por terem feito estragos muito menores. Assim como se haviam agarrado a um amor que os salvou de um espaço perigoso e apavorante, no qual poderiam ser abandonados a qualquer momento, esses indivíduos tentam desesperadamente garantir a existência de uma figura que encarne isso para eles, quer se trate de um amante, um médico ou um terapeuta.

Poderíamos assinalar aqui que separar dois traços que ficam próximos demais nos estados mistos talvez seja a solução psíquica certa, mas, na verdade, não pode ter êxito. Por quê? Porque, como viram Klein e Lacan, para que se estabeleça certa paz na psique, o dois precisa passar para três – uma transformação dialética que, quase invariavelmente, produz o efeito de tristeza. Permanecendo num campo com dois termos, a pessoa tem poucas alternativas senão oscilar entre eles. Com três, é possível produzir-se uma significação e situar ou triangular uma perda na vida da pessoa.

Durante um episódio maníaco, uma mulher usou sua energia para documentar meticulosamente o movimento de seus pensamentos. Além de muitas páginas de texto, ela produziu um diagrama de sua depressão maníaca: um globo com "suicídio" escrito no alto e "assassinato" embaixo. No equador havia uma linha fina de espaço seguro, mas a verdadeira segurança só podia ser alcançada ao unir os dois polos e o núcleo: "Os três precisam se juntar", disse ela, "mas nunca consegui solucionar esse problema." Depois ela passava horas tentando combinar três expressões faciais distintas na imagem de um único rosto, sem solução. A depressão maníaca, disse, "tem a ver com tentar elaborar um conflito", manter separados dois estados, o que, em última instância, não é possível sem alguma forma de mediação por um terceiro.[45]

Passemos a uma última questão: o caráter cíclico da depressão maníaca. Nesse aspecto, é revelador que até os pesquisadores de maior inclinação psicológica tenham apontado para uma base biológica subjacente. O psiquiatra Harry Stack Sullivan, por exemplo, embora reconhecendo as raízes psicodinâmicas da maioria das psicoses, sustentou que havia um substrato físico na depressão maníaca. A periodicidade das alterações de humor afigura-se tão intrigante e opaca, para muitos clínicos, que há um apelo ao corpo, como se isto, por si só, bastasse para responder à questão do momento e do ritmo das manias e depressões.[46]

Mas é justamente esse impasse que fornece a pista. Indagar por que um episódio começou na ocasião em que começou produz com tanta frequência uma ausência de resposta, que é como se nenhuma causa ou desencadeador se evidenciasse. Os estados de humor se alteram sem ligação aparente com qualquer causa externa. Mas aqui talvez a ligação esteja exatamente na impossibilidade de conexão. Os médicos dos anos 1940 descreveram o que Sándor Ferenczi, um discípulo de Freud, havia chamado de "reações de aniversário", nas quais um sintoma físico aparece no aniversário de uma data significativa. A chave estava em que a pessoa não estabelecia nenhuma ligação entre essas datas. O sintoma aparecia, precisamente, porque a lembrança não surgia.[47]

Uma mulher acordou, certa manhã, com uma dor lancinante nas costas. Não conseguia se mexer e, nos meses seguintes, foi examinada por médicos e especialistas, no esforço de diagnosticar o que havia de errado e encontrar um remédio. Ela mencionou a um dos fisioterapeutas que a visitaram que vinha tendo pesadelos, e ele lhe sugeriu que entrasse em contato comigo para uma conversa. Tratou-se certamente de uma conversa, e não de uma análise, e uma das primeiras coisas que perguntei foi se a data em que ela acordara com a paralisia lhe era significativa. Ela pensou um pouco e respondeu que não.

Quanto aos pesadelos, tratava-se de variações em torno de um único tema. Ela tentava fechar uma mala ou reunir sua bagagem, mas sempre falhava. Quando falou de sua história, os sonhos adquiriram uma ressonância especial. Quando criança, durante a guerra, fora forçada a tomar uma decisão que havia significado, efetivamente, deixar sua mãe, que ela passaria décadas sem ver. Não seriam os pesadelos, na verdade, encenações da impossibilidade de partir? A incapacidade de fechar as malas ou de reunir a bagagem significaria ela não poder ir a lugar nenhum.

Quando então voltamos à questão das datas, ela ficou horrorizada e admirada ao se dar conta de que o dia em que acordara com a paralisia era exatamente o dia em que deixara sua mãe na guerra. A culpa pela partida havia gerado o sintoma, porém o mais notável, nesse caso, foi a impossibilidade inicial de ver qualquer significação na data, quando lhe fiz uma pergunta direta. Só depois do diálogo subsequente é que a ligação se tornou clara. O sintoma havia emergido no ponto exato em que ela não conseguira ligar duas coisas.

Na mais simples de suas formas, não é uma variação de humor exatamente isto: a não ligação de uma ideia com outra? Quando acordamos num estado de ânimo sombrio e nervoso, às vezes nos damos conta, mais tarde, de que isso se deve a um telefonema que teremos de dar nesse dia, ou, quem sabe, a um sonho que tivemos durante a noite. Esse estado de humor não se dissipa enquanto não se estabelece a ligação. A escritora Rebecca West sempre entrava num clima de tristeza doloroso e pensativo ao ver cadeias de montanhas, e esse estado de ânimo só evaporou quando ela ligou sua reação aos gráficos da alta e da baixa dos preços das ações do cobre, que, durante sua infância, seu pai examinava com angústia no café da manhã.

A natureza anistórica de muitas descrições da depressão maníaca corrobora essa ideia. A infância de Jamison é descrita como feliz e sem incidentes, nas mesmas páginas em que lemos sobre situações dramáticas e sobre um pai que poderia ser interpretado como visivelmente doente. Embora os dois fios estejam presentes, a ligação entre eles mostra-se ausente. No entanto, quanto mais a história é foracluída, mais as oscilações da depressão maníaca parecem arbitrárias e contingentes, como se o relógio do corpo atendesse somente pelo nome de biologia. Poderíamos, ao contrário, ver essas oscilações como resultado de uma dificuldade de inscrever a história, gravitando com frequência em torno de um ponto de impossibilidade em que algo não pode ser simbolizado ou psiquicamente elaborado.

Neste ponto, poderíamos pensar na morte dos ancestrais de Stephen Fry no Holocausto, ou nas estranhas referências aos campos de concentração no livro de memórias de Andy Behrman. Este último, de fato, começa por uma espécie de lista de afazeres com 25 itens, que vão de "Salão de bronzeamento" e "Buscar lítio e Prozac" a "Comprar um cachorro", mas incluem itens aparentemente incongruentes, como "Visitar Auschwitz" e "Fazer documentário sobre o Holocausto". Fromm-Reichmann e seus colaboradores haviam enfatizado como se pode contar com o maníaco-depressivo para elevar o prestígio da família ou do clã num mundo hostil, guiado e oprimido pelos ideais de sucesso e integração. E porventura isso não é acompanhado, com frequência, pelo imperativo de esquecer a própria história, de se elevar acima do passado? E então, na depressão maníaca, ele retorna violentamente.

É o que vemos, de maneira bastante literal, no caso de Patty Duke. Separada da família, em tenra idade, por um casal ansioso por administrar sua carreira de atriz, um dia ela foi informada de que seu nome teria que desaparecer. "A Anna Maria morreu", disseram-lhe. "Agora você é a Patty." Até sua linguagem e seu sotaque teriam de ser reformulados, enquanto ela era transformada numa menina-robô, instruída com precisão sobre o que dizer e fazer e obrigada a se exercitar várias horas por dia. "Fui privada de meus pais, privada do meu nome e, por fim, privada da minha religião, e eles ficaram com uma tábula rasa para fazer o que bem entendessem." Não admira que tenhamos visto sua história retornar, anos depois, sob a forma de seus agudos altos e baixos.

Essa questão da história também fica clara no caso de Jane Pauley. Seu primeiro episódio maníaco resultou, supostamente, da prescrição de um antidepressivo e um esteroide para tratar um ataque bizarro de urticária. Se, por um lado, essa explicação pareceu evidente, dado o fato de as duas drogas estarem associadas ao desencadeamento de episódios maníacos, por outro, Pauley não tinha como ficar inteiramente satisfeita. "Ocorreu-me a ideia de descobrir em que eu estivera trabalhando no *Dateline**na época em que a urticária reapareceu pela primeira vez. Reexaminando meus arquivos de computador de março de 1999, descobri uma dúzia de pastas com o mesmo nome: 'Papai'."

O contexto disso foi a participação dela num programa de televisão intitulado *Roots* ["Raízes"], que examinou sua história familiar. Pauley se lembrou de haver pensado no pai na primeira noite que passou no hospital, e sua urticária tinha surgido, numa manifestação extremamente agressiva, quando ela estava lendo a autobiografia de Moss Hart, *Act On* [Ato um]. Sua curiosidade fora despertada por esse livro porque ele tinha estado na mesa de cabeceira de seu pai durante anos, e, quando enfim Pauley voltou à leitura do texto, após o surgimento de seus sintomas, a frase imediatamente seguinte ao ponto em que ela havia parado de ler dizia "Tive um ataque de urticária". Ela se deu conta de que seus sintomas estavam ligados ao luto pela morte do pai.[48]

A reconstrução que Pauley fez de sua história nos permite compreender o surgimento de seus episódios manía-

---

* Noticiário da rede de televisão NBC do qual Jane Pauley foi âncora por doze anos, ao lado de Stone Phillips. (N.T.)

cos, e o trabalho autobiográfico de autores como Cheney e Fry mostra que os ciclos aparentemente arbitrários da depressão maníaca nunca são acidentais. Há aí uma dificuldade de integrar a história, como se as ligações com o passado do sujeito não pudessem ser abarcadas de forma significativa. Daí a natureza aparentemente anistórica da depressão maníaca: às vezes, as oscilações de humor parecem provir do nada.

Se, em algumas ocasiões, elas podem ser claramente correlacionadas com datas de aniversário – uma profunda depressão surgida no mês em que se perdeu um ente querido, muitos anos antes –, também são desencadeadas em momentos em que aparece na vida da pessoa um elemento não integrável, como uma fúria difícil de elaborar contra alguém querido, ou um lembrete de uma culpa que nunca foi adequadamente inscrita. Aqui, o denominador comum é um sentimento oscilante de responsabilidade, muitas vezes por uma morte, que é evocado nessas ocasiões, mas nunca pode ser inteiramente apreendido ou identificado com clareza. O problema de integrar esses elementos gera uma sensação disseminada de, precisamente, integração, quando na mania tudo faz sentido, tudo parece se ligar. Mas isso tende a resvalar de novo para um buraco, à medida que o arco da mania avança.

Poderia isso sugerir que a atual prevalência da chamada "bipolaridade" não é um simples artifício da promoção comercial das novas categorias diagnósticas pelas empresas farmacêuticas? Vivemos numa era que da boca para fora valoriza a história, mas solapa continuamente os laços que temos com o passado. A narrativa das vidas humanas acha-se mais ou menos ausente na economia da assistência de saúde, na qual os sintomas são vistos como problemas a serem tratados localmente, e não como sinais de que há algo errado num nível mais fundamental. Será por acaso que o eletrochoque, visto como o horizonte de todos os outros tratamentos da depressão maníaca, é algo que atua essencialmente sobre a memória humana, como um modo de eliminar a história?

Poderíamos evocar, neste ponto, um trágico encontro visto num documentário de televisão sobre a depressão maníaca. Uma mulher cuja mania fora desencadeada após o nascimento do primeiro filho, e que queria ter outro bebê, consultou um "especialista" e soube, aparentemente, quais eram seus riscos. Preocupava-se com a possibilidade de ter outro episódio maníaco grave, e embora, como telespectadores, não participemos da conversa entre ela e o médico, o psiquiatra fala com o apresentador do programa sobre os perigos do parto como evento desencadeante, e fala sobre as estatísticas de suicídio pós-parto. Vemos a mulher deixar o prédio e a ouvimos externar sua decisão de não ter outro filho, dados os riscos que isso envolveria.

O que não ouvimos são as razões do desencadeamento anterior que ela sofreu, e podemos indagar se, caso elas tivessem sido adequadamente exploradas, teria sido possível formular uma estratégia que lhe permitisse evitar outro episódio maníaco por ocasião do parto. Em vez disso, é como se a vida dela fosse reduzida a um modelo estatístico, do qual se retirou todo o senso de história e sentido humanos. Os dados numéricos externos podem lhe informar quais são os seus riscos, sem as semanas e meses de diálogo que poderiam produzir um quadro mais verdadeiro, e que também lhe permitiriam modificar o destino ditado pela estatística.

Tais preconceitos encontram eco numa cena igualmente perturbadora, na qual Jamison visitou uma faculdade de medicina para falar sobre a depressão maníaca. Indagados sobre qual seria sua escolha, se existisse um exame genético que previsse a depressão maníaca num filho seu, quase todos os alunos, internos e médicos presentes no auditório disseram que abortariam o feto. Como assinalou Emily Martin, isso sugere a existência efetiva de uma incompatibilidade entre a depressão maníaca e a vida humana.[49]

Neste ponto, não devemos esquecer que, tradicionalmente, a depressão maníaca era vista como a forma de psicose com maior probabilidade de se estabilizar e se resolver com o tempo, ao passo que, hoje em dia, tem quase a reputação inversa. Isso está ligado, sem dúvida, à abdicação dos esforços para compreender o mundo do maníaco-depressivo, em prol de uma abordagem que visa administrar e controlar uma doença aparentemente biológica. Já se argumentou, com efeito, que os índices de recuperação eram melhores na era anterior aos medicamentos, enquanto, na atualidade, é quase certo o diagnóstico de depressão maníaca levar a um regime pesado de medicamentos e, em muitos casos, a um prognóstico sombrio. Isso contrasta de modo marcante e maciço com a psiquiatria do passado.

Em vez de ficarmos cada vez mais exclusivamente obcecados com o ajuste preciso da medicação, precisamos situar a vida do sujeito maníaco-depressivo no contexto, explorando os detalhes dos altos e baixos e resistindo à opção fácil de um apelo encobridor à biologia. A depressão maníaca deve ser criteriosamente distinguida de ideias vagas e inúteis de transtornos do espectro bipolar, e diagnosticada por meio dos temas que lhe são característicos: a fuga de ideias, o sentimento especial de ligação com o mundo, a oscilação de uma culpa e o esforço de criar uma separação categórica entre o bem e o mal. É inquietante que o próprio tempo necessário para fazer isso seja negado, em geral, até mesmo aos clínicos que desejam seguir essa abordagem. Encobrir e eliminar a história e a particularidade fazem eco às condições da própria depressão maníaca.

Não devemos subestimar aqui o peso da mercantilização do transtorno bipolar. À medida que se multiplicam as referências a ele e que estudos pressupõem sua existência como uma categoria diagnóstica válida, ele vai se equiparando a uma entidade biológica imutável. Mais e mais pessoas passam a se ver como bipolares, sofrendo de um "transtorno" que segue seu próprio conjunto de regras, externamente classificadas. Um dos resultados disso é que se perde a especificidade de cada caso, como vimos no exemplo da mulher que se sentiu desanimada de ter outro filho, como se todos os casos fossem iguais. O sentido que cada indivíduo daria aos acontecimentos de sua vida desaparece, à medida que ele se torna apenas mais um exemplo de uma "doença".

Sendo o tempo a mercadoria essencial dos dias atuais, e sendo o "dar sentido" visto como uma perturbação irritante da assistência médica "científica", as pessoas são privadas da oportunidade de explorar seu passado, no contexto de suas dificuldades atuais. Se a constelação do maníaco-depressivo inclui em si uma linha básica de fissura – a impossibilidade ou até a recusa do sujeito a se inscrever em alguma faceta de sua história –, o desprezo dessa dimensão pela sociedade só pode exacerbar seus problemas. Precisamos retornar a uma abordagem anterior e mais humana, que atente para a particularidade de cada caso e ofereça ao maníaco-depressivo a chance de assumir – ainda que da maneira mais lenta e dolorosa – o que puder ser assumido de sua história, e de encontrar um modo de conviver com o que ele não puder assumir.

Notas

1. Dados estatísticos: ver C. Moreno et al., "National trends in the outpatient diagnosis and treatment of bipolar disorder in youth", *Archives of General Psychiatry*, 64 (2007), p.1032-9; Kathryn Burrows, "What epidemic? The social construction of bipolar epidemics", *Advances in Medical Sociology*, II (2010), p.243-61; e David Healy, *Mania: A Short History of Bipolar Disorder* (Baltimore: Johns Hopkins, 2008). Sobre a questão atual: ver Kathryn Burrows, "What epidemic?", op.cit., p.250. Sobre o transtorno bipolar, os meios de comunicação e o mercado: ver Emily Martin, *Bipolar Expeditions: Mania and Depression in American Culture* (Nova Jersey: Princeton University Press, 2007). Ted Turner, ver ibid., p.208.

2. História: ver Antoine Ritti, "Traité clinique de la folie à double forme: folie circulaire, délire à formes alternées" (Paris: Octave Doin, 1883); L. Linas, "Manie", *Dictionnaire encyclopédique des sciences médicales* (Paris: Asselin, 1871), p.507-60; P.L. Couchoud, "Histoire de la manie jusqu'à Kraepelin", *Revue des sciences psychologiques*, 1 (1913), p.149-73; German Berrios, "Mood disorders", in German Berrios e Roy Porter (orgs.), *A History of Clinical Psychiatry* (Londres: Athlone Press, 1995), p.384-408; Lisa Hermsen, *Manic Minds: Mania's Mad History and Its Neuro-Future* (New Brunswick: Rutgers University Press, 2011); e David Healy, *Mania*, op.cit. Sobre a comercialização de categorias diagnósticas: ver David Healy, *The Antidepressant Era* (Cambridge, Massachusetts: Harvard University Press, 1997). É possível encontrar um estudo de

caso sobre a colocação do transtorno bipolar no mercado em: Andrew Lakoff, *Pharmaceutical Reason: Knowledge and Value in Global Psychiatry* (Cambridge: Cambridge University Press, 2005). Medicamentos: ver Joanna Moncrieff, *The Myth of the Chemical Cure* (Londres: Macmillan, 2009); e Des Spence, "Bad medicine: bipolar 2 disorder", *British Medical Journal*, 342 (2011), p.2767. Nova marca: ver Christopher Lane, "Bipolar disorder and its biomythology: an interview with David Healy", *Psychology Today* (16 abr 2009).

3. Jules Baillarger, "Note sur un genre de folie dont les accès sont caractérisés par deux périodes régulières, l'une de dépression, l'autre d'excitation", *Bulletin de l'Académie Nationale de Médecine*, 19 (1853-1854), p.340-52; "Réponse à Falret", ibid., p.401-15; e Jean-Pierre Falret, "Mémoire sur la folie circulaire", ibid., p.382-400. Sobre o debate Falret-Baillarger: ver P. Pichot, "The birth of bipolar disorder", *European Psychiatry*, 10 (1995), p.1-10. Sobre a questão do diagnóstico diferencial: ver Eugen Bleuler, "Die Probleme der Schizoidie und der Syntonie", *Zeitschrift für die gesamte Neurologie und Psychiatrie*, 78 (1922), p.373-99; G. Halberstadt, "Syndromes anormaux au cours de la psychose maniaco-dépressive", *Annales Médico-Psychologiques*, 88 (1930), p.117-42; e Darian Leader, "On the specificity of manic-depressive psychosis", in Patricia Gherovici e Manya Steinkoler (orgs.), *The Method in Madness: Lacanian Approaches to Insanity* (no prelo; Londres: Routledge, 2014).

4. Jean-Étienne Esquirol, *Des maladies mentales considérées sous les rapports médical, hygiénique et médico-légal* (Paris: Baillière, 1838); Emil Kraepelin, *Psychiatrie: Ein Lehrbuch für Studierende und Aerzte*, 6ª ed. (Leipzig: Barth, 1899). Tradução parcial da 8ª edição em: Kraepelin, *Manic-Depressive Insanity and Paranoia* (Edimburgo: Livingstone, 1921) [Ed.bras.: *A loucura maníaco-depressiva*, trad. Débora de Castro Barros, Rio de Janeiro:

Forense Universitária, 2012]. Ver a coletânea de críticas em: A. Rémond e P. Voivenel, "Essai sur la valeur de la conception kraepelinienne de la manie et de la mélancolie", *Annales Médico-Psychologiques*, 12 (1910), p.353-79; e ibid. (1911), p.19-51.

5. Andy Behrman, *Electroboy: A Memoir of Mania* (Nova York: Random House, 2002), p.261; Lizzie Simon, *Detour: My Bipolar Road Trip in 4-D* (Nova York: Simon & Schuster, 2002), p.187.

6. David Healy, *Mania*, op.cit., p.239.

7. Andy Behrman, *Electroboy*, op.cit., p.xiv e xxi; Terri Cheney, *Manic: A Memoir* (Nova York: Harper, 2008), p.212 [Ed.bras.: *Bipolar: memórias de extremos*, trad. Júlio de Andrade Filho e Clene Salles, São Paulo: Larousse, 2008]; e Stephen Fry, Prefácio a Jeremy Thomas e Tony Hughes, *You Don't Have to be Famous to Have Manic Depression* (Londres: Michael Joseph, 2006), p.7. Terri Cheney, *Manic*, op.cit., p.146.

8. Lizzie Simon, *Detour*, op.cit., p.121. Brian Adams, *The Pits and the Pendulum: A Life with Bipolar Disorder* (Londres: Jessica Kingsley, 2003), p.79.

9. Calvin Dunn, *Losing My Mind: Chronicle of Bipolar Mania* (Filadélfia: Infinity, 2012), p.81. Kay Redfield Jamison, *An Unquiet Mind: A Memoir of Moods and Madness* (Nova York: Knopf, 1995), p.42-3 [Ed.bras.: *Uma mente inquieta: memórias de loucura e instabilidade de humor*, trad. Waldéa Barcellos, São Paulo: WMF Martins Fontes, 2ª ed., 2009].

10. Ernest Jones, "Psychoanalytic notes on a case of hypomania", *American Journal of Insanity*, 2 (1911), p.203-18.

11. Linguagem e fuga de ideias: ver Ludwig Binswanger, "Sur la fuite des idées" (1932) (Paris: Millon, 2000); Hugo Liepmann, *Über Ideenflucht* (Halle: Marhold, 1904); Max Isserlin, "Psychologische Untersuchungen an Manisch-Depressiven", *Monatsschrift für Psychiatrie und Neurologie*, 22 (1907), p.338-55,

419-42 e 509-22; Maria Lorenz e Stanley Cobb, "Language behaviour in manic patients", *Archives of Neurology and Psychiatry*, 69 (1953), p.763-70; e Stanley Newman e Vera Mather, "Analysis of spoken language of patients with affective disorders", *American Journal of Psychiatry*, 94 (1938), p.913-42. Norma Farnes, *Spike: An Intimate Memoir* (Londres: HarperCollins, 2004), p.4.

12. Patty Duke e Gloria Hochman, *A Brilliant Madness: Living with Manic-Depressive Illness* (Nova York: Bantam, 1992), p.12; Lisa Hermsen, *Manic Minds*, op.cit., p.94; e Terri Cheney, *The Dark Side of Innocence: Growing Up Bipolar* (Nova York: Atria, 2011), p.170.

13. Andy Behrman, *Electroboy*, op.cit., p.258. Sobre Vivien Leigh: ver Alexander Walker, *Vivien: The Life of Vivien Leigh* (Londres: Weidenfeld, 1987), p.372; e Hugo Vickers, *Vivien Leigh* (Londres: Hamish Hamilton, 1988). Patty Duke e Gloria Hochman, *A Brilliant Madness*, op.cit., p.163. Terri Cheney, *Manic*, op.cit., p.7 e 68.

14. Freud, *Jokes and Their Relation to the Unconscious* (1905), in *Standard Edition*, vol.8, p.9-238 [Ed.bras.: *Chistes e sua relação com o inconsciente*, in *ESB*, vol.8, Rio de Janeiro: Imago, 1975]; "Humour" (1927), *Standard Edition*, vol.21, p.161-6 [Ed.bras.: "O humor", in *ESB*, vol.21, Rio de Janeiro: Imago, 1975]; e Isador Coriat, "Humor and hypomania", *Psychiatric Quarterly*, 13 (1939), p.681-8. Sobre o terceiro nos chistes: ver Jacques Lacan, *Les Formations de l'Inconscient* (1957-1958), org. J.-A. Miller (Paris: Seuil, 1998) [Ed.bras.: *O Seminário*, livro 5, *As formações do inconsciente*, trad. Vera Ribeiro, Rio de Janeiro: Zahar, 1999].

15. Terri Cheney, *The Dark Side of Innocence*, op.cit. Kay Redfield Jamison, *An Unquiet Mind*, op.cit., p.11, 16 e 90-1 [Ed.bras.: *Uma mente inquieta*, op.cit.].

16. Andy Behrman, *Electroboy*, op.cit., p.169. Emil Kraepelin, *Manic-Depressive Insanity and Paranoia*, op.cit., p.57 [Ed.bras.: *A loucura maníaco-depressiva*, op.cit.].

17. Wilhelm Griesinger, *Mental Pathology and Therapeutics*, 2ª ed. (1861) (Nova York: Hafner, 1965), p.273-318. Henri Ey, "Manie", *Études psychiatriques*, vol.3 (Paris: Desclée de Brouwer, 1954), p.47-116; e "Les psychoses périodiques maniaco-dépressives", ibid., p.430-518. Stephen Fry, *The Fry Chronicles: An Autobiography* (Londres: Michael Joseph, 2010), p.109. Lizzie Simon, *Detour*, op.cit., p.108.

18. Emily Martin, *Bipolar Expeditions*, op.cit., p.217. Katharine Graham, *Personal History* (Nova York: Random House, 1997) [Ed.bras.: *Uma história pessoal*, trad. Ana Luiza Dantas Borges, São Paulo: DBA, 1998]. Jane Pauley, *Skywriting: A Life Out of the Blue* (Nova York: Random House, 2004), p.9. Sobre o produtor de televisão: ver Jeremy Thomas e Tony Hughes, *You Don't Have to be Famous to Have Manic Depression*, op.cit., p.142.

19. Brian Adams, *The Pits and the Pendulum*, op.cit., p.61-2 e 76-7. Emily Martin, *Bipolar Expeditions*, op.cit., p.206.

20. Mabel Blake Cohen et al., "An intensive study of 12 cases of manic-depressive psychosis", *Psychiatry*, 17 (1954), p.103-37; e Frieda Fromm-Reichmann, "Intensive psychotherapy of manic-depressives", *Confinia Neurologica*, 9 (1949), p.158-65. Sobre o carro decolando: ver James Hamilton, "The critical effect of object loss in the development of episodic manic illness", *Journal of the American Academy of Psychoanalysis and Dynamic Psychiatry*, 34 (2006), p.333-48.

21. Andy Behrman, *Electroboy*, op.cit., p.6 e 261.

22. Sobre Mulheren: ver Connie Bruck, "The world of business: no one like me", *New Yorker* (11 de março de 1991), p.40-68. Lizzie Simon, *Detour*, op.cit., p.69. Kay Redfield Jamison, *An*

Unquiet Mind, op.cit., p.76 e 83 [Ed.bras.: *Uma mente inquieta*, op.cit.].

23. Stephen Fry; *The Fry Chronicles*, op.cit., p.27; e *The Liar* (Londres: William Heinemann, 1991), p.167.

24. Kay Redfield Jamison, *An Unquiet Mind*, op.cit., p.12-3 [Ed. bras.: *Uma mente inquieta*, op.cit.]. Sobre a crença no Outro bondoso: ver Edith Jacobson, "Contribution to the metapsychology of cyclothymic depressions", *in* Phyllis Greenacre (org.), *Affective Disorders* (Nova York: International Universities Press, 1953), p.49-83.

25. Melanie Klein, "A Contribution to the Psychogenesis of Manic-Depressive States" (1935), *in Contributions to Psycho-Analysis* (Londres: Hogarth, 1948), p.282-310 [Ed.bras.: "Uma contribuição à psicogênese dos estados maníaco-depressivos", in *Contribuições à psicanálise*, trad. Miguel Maillet, São Paulo: Mestre Jou, 1981]; e "Mourning and its relation to manic-depressive states" (1940), ibid., p.311-38 [Ed.bras.: "O luto e sua relação com os estados maníaco-depressivos", in *Contribuições*, op.cit.]. Edith Jacobson, "Contribution", op.cit., p.74. Terri Cheney, *The Dark Side of Innocence*, op.cit., p.182. Eugen Bleuler, *Textbook of Psychiatry* (1916) (Nova York: Macmillan, 1924), p.468 [Ed.bras.: *Psiquiatria*, trad. Eva Nick, sob a supervisão de Miguel Chalub, ed. revista e atualizada por Manfred Bleuler, col. Jules Angst, Rio de Janeiro: Guanabara Koogan, 1985].

26. Sobre o Carvalho dos Duendes: ver Norma Farnes, *Spike*, op.cit., p.76-7. Patty Duke e Gloria Hochman, *A Brilliant Madness*, op.cit., p.103.

27. Freud, *Notes upon a Case of Obsessional Neurosis* (1909), *Standard Edition*, vol.10, p.190 [Ed.bras.: "Notas sobre um caso de neurose obsessiva", in *ESB*, vol.10, Rio de Janeiro: Imago, 1975]. Theodor Reik, *Listening with the Third Ear* (Nova York:

Grave Press, 1948). Ver os primeiros comentários sobre fenômenos obsessivos na psicose maníaco-depressiva em: K. Bonhoeffer, "Über die Beziehungen der Zwangsvorstellungen zum Manisch-Depressiven Irresein", *Monatsschrift für Psychiatrie und Neurologie*, 33 (1913), p.354-8.

28. Stephen Fry, *The Fry Chronicles*, op.cit., p.7-20 e 28; e *Moab is My Washpot* (Londres: Hutchinson, 1997), p.127.

29. Pausânias, *Descrição da Grécia*, 8.34.1. Ver também Cícero, *Tusculanas*, 3.5.11. Abraham Brill, "Unconscious insight: some of its manifestations", *International Journal of Psychoanalysis*, 10 (1929), p.145-61.

30. Sobre a morte: ver John Thompson MacCurdy; *The Psychology of Emotion: Morbid and Normal* (Londres: Kegan Paul, 1925); e German Arce Ross, *Manie, mélancolie et facteurs blancs* (Paris: Beauchesne, 2009); Terri Cheney, *Manic*, op.cit., p.169; Patty Duke e Gloria Hochman, *A Brilliant Madness*, op.cit., p.17; Leigh: ver Alexander Walker, *Vivien*, op.cit., p.181.

31. Edward Glover, "Medico-psychological aspects of normality" (1932), in *On the Early Development of Mind: Collected Papers of Edward Glover* (Londres: Imago, 1956), p.239.

32. Andy Behrman, *Electroboy*, op.cit., p.xix. Kay Redfield Jamison, *An Unquiet Mind*, op.cit., p.74 [Ed.bras.: *Uma mente inquieta*, op.cit.]; Edith Jacobson, "Contribution", op.cit., p.74; Patty Duke e Gloria Hochman, *A Brilliant Madness*, op.cit., p.113.

33. Wilhelm Griesinger, *Mental Pathology and Therapeutics*, op. cit., p.281.

34. Na literatura antiga, realmente se ligava a perda com mais frequência à mania do que à depressão: ver Peter Toohey, "Love, lovesickness, and melancholia", *Illinois Classical Studies*, 17 (1992), p.265-86.

35. Patty Duke e Gloria Hochman, *A Brilliant Madness*, op.cit., p.17; e Melanie Klein, "Mourning and its relation to manic-depressive states", op.cit. [Ed.bras.: "O luto e sua relação",

op.cit.]. Sobre o mundo como seio: ver Bertram Lewin, *The Psychoanalysis of Elation* (Londres: Hogarth, 1951); e Panel, "Midwinter meetings" (1950), *Bulletin of the American Psychoanalytic Association*, 7 (1951), p.229-76.

36. Terri Cheney, *Manic*, op.cit., p.20 e 160.

37. Frieda Fromm-Reichmann, "Intensive psychotherapy", op.cit., p.161; e Kay Redfield Jamison, *An Unquiet Mind*, op. cit., p.118 [Ed.bras.: *Uma mente inquieta*, op.cit.]. Ver também Kay Redfield Jamison e Frederick Goodwin, *Manic-Depressive Illness: Bipolar Disorders and Recurrent Depression* (Oxford: Oxford University Press, 1990) [Ed.bras.: *Doença maníaco-depressiva: transtorno bipolar e depressão recorrente*, trad. I.S. Ortiz, Régis Pizzato e R. Cataldo Costa, Porto Alegre: Artmed, 2ª ed., 2010].

38. Patty Duke e Gloria Hochman, *A Brilliant Madness*, op.cit., p.204. Sobre tendências paranoides, ver Sándor Radó, "Psychodynamics of depression", *Psychosomatic Medicine*, 13 (1951), p.51-5.

39. Sobre a limpeza: ver Alexander Walker, *Vivien*, op.cit., p.266 e 307; Andy Behrman, *Electroboy*, op.cit., p.217-8; e Brian Adams, *The Pits and the Pendulum*, op.cit., p.127.

40. Psicanálise, ver discussão em: Freud, *Mourning and Melancholia* (1917), *Standard Edition*, vol.14, p.237-58 [Ed.bras.: "Luto e melancolia", in *ESB*, vol.14, Rio de Janeiro: Imago, 1975]. Sobre as primeiras abordagens analíticas: ver Jules Masserman, "Psychodynamisms in manic-depressive psychoses", *Psychoanalytic Review*, 28 (1941), p.466-78; e Joseph Blalock, "Psychology of the manic phase of manic-depressive psychoses", *Psychiatric Quarterly*, 10 (1936), p.262-344. Andy Behrman, *Electroboy*, op.cit., p.xx.

41. Kay Redfield Jamison, *An Unquiet Mind*, op.cit., p.38 e 45 [Ed. bras.: *Uma mente inquieta*, op.cit.].

42. Spike Milligan, "Manic depression", apud Norma Farnes, *Spike*, op.cit., p.80.

43. Patty Duke e Gloria Hochman, *A Brilliant Madness*, op.cit., p.198. Ver Alexander Walker, *Vivien*, op.cit., p.31.

44. Jane Pauley, *Skywriting*, op.cit., p.4; Kay Redfield Jamison, *An Unquiet Mind*, op.cit., p.182 [Ed.bras.: *Uma mente inquieta*, op.cit.]; Emil Kraepelin, *Manic-Depressive Insanity and Paranoia*, op.cit., p.54 [Ed.bras.: *A loucura maníaco-depressiva*, op.cit.]; e Terri Cheney, *Manic*, op.cit., p.184 e 188; e *The Dark Side of Innocence*, op.cit., p.69.

45. Darian Leader, "The depressive position for Klein and Lacan", in *Freud's Footnotes* (Londres: Faber, 2000), p.189-236 [Ed. bras.: *Pé de página para Freud: uma investigação profunda das raízes da psicanálise*, trad. Eduardo Rieche, Rio de Janeiro: Best Seller, 2010].

46. Sobre Sullivan: ver Mabel Blake Cohen et al., "An intensive study", op.cit.; e Patrick Mullahy, *Psychoanalysis and Interpersonal Psychiatry* (Nova York: Science House, 1970), p.638.

47. Sobre a falta de sentido dos fatores precipitantes: ver George Winokur et al., *Manic Depressive Illness* (Saint Louis: Mosby; 1969). Sobre os sintomas como "reações de aniversário": ver Darian Leader e David Corfield, *Why Do People Get Ill?* (Londres: Hamish Hamilton, 2007), p.83-93 [Ed.bras.: *Por que as pessoas ficam doentes? Como a mente interfere no bem-estar físico*, trad. Débora Guimarães Isidoro, Rio de Janeiro: Best Seller, 2009]. Paul Schilder, "Vorstudien zu einer Psychologie der Manie", *Zeitschrift für die gesamte Neurologie und Psychiatrie*, 68 (1921), p.90-135.

48. Patty Duke e Kenneth Turan, *Call Me Anna* (Nova York: Bantam, 1987), p.23 e 30. Jane Pauley, *Skywriting*, op.cit., p.24 e 237-8.

49. Emily Martin, *Bipolar Expeditions*, op.cit., p.12.

Agradecimentos

Antes de mais nada, obrigado a meus pacientes, que me guiaram, corrigiram e incentivaram durante toda a redação deste livro. Diversos relatos autobiográficos e estudos da psicose maníaco-depressiva também foram inspiradores, e aprendi muito com os livros de Brian Adams, Andy Behrman, Terri Cheney, Stephen Fry, David Healy, Kay Redfield Jamison, Emily Martin e Lizzie Simon. Sou muito grato aos amigos e colegas que contribuíram para este livro: Josh Appignanesi, Chloe Aridjis, Devorah Baum, Julia Carne, Louise Clarke, Sarah Clement, Vincent Dachy, Simon Finch, Astrid Gessert, Anouchka Grose, Hanif Kureishi, Renata Salecl, Will Sergeant, Christos Tombras e Jay Watts. Pat Blackett e Sophie Pathan forneceram-me um auxílio inestimável nas pesquisas, e Anna Kelly, Anna Ridley e Sarah Coward fizeram o mesmo com o processo de publicação. Simon Prosser, como sempre, foi um editor generoso e sensível; Tracy Bohan, da Wylie, foi uma agente fabulosa, e Mary Horlock, uma leitora especial e incentivadora.

Sobre o autor

Darian Leader é psicanalista e um dos responsáveis por popularizar a obra de Jacques Lacan. Membro do Centro de Análise e Pesquisa Freudianas e do Colégio de Psicanalistas do Reino Unido, exerce a psicanálise em Londres. Pela Zahar publicou *O que é loucura?*, *Gozo* e *Alguma vez é só sexo?*.

COLEÇÃO TRANSMISSÃO DA PSICANÁLISE

Não Há Relação Sexual
Alain Badiou e Barbara Cassin

**Fundamentos da Psicanálise
de Freud a Lacan**
(4 volumes)
Marco Antonio Coutinho Jorge

**Histeria e Sexualidade
Transexualidade**
*Marco Antonio Coutinho Jorge;
Natália Pereira Travassos*

Por Amor a Freud
Hilda Doolittle

A Criança do Espelho
Françoise Dolto e J.-D. Nasio

O Pai e Sua Função em Psicanálise
Joël Dor

**Introdução Clínica à
Psicanálise Lacaniana**
Bruce Fink

**A Psicanálise de Crianças
e o Lugar dos Pais**
Alba Flesler

Freud e a Judeidade
Betty Fuks

A Psicanálise e o Religioso
Phillipe Julien

Alguma Vez É Só Sexo?
Gozo
O Que É Loucura?
Simplesmente Bipolar
Darian Leader

Freud e a descoberta do inconsciente
Octave Mannoni

**5 Lições sobre a
Teoria de Jacques Lacan**

9 Lições sobre Arte e Psicanálise

**Como Agir com um
Adolescente Difícil?**

Como Trabalha um Psicanalista?
A Depressão É a Perda de uma Ilusão
A Dor de Amar
A Dor Física
A Fantasia
Os Grandes Casos de Psicose
A Histeria
Introdução à Topologia de Lacan
**Introdução às Obras de Freud,
Ferenczi, Groddeck, Klein,
Winnicott, Dolto, Lacan**
**Lições sobre os 7 Conceitos
Cruciais da Psicanálise**
O Livro da Dor e do Amor
O Olhar em Psicanálise
Os Olhos de Laura
Por Que Repetimos os Mesmos Erros?
O Prazer de Ler Freud
Psicossomática
O Silêncio na Psicanálise
Sim, a Psicanálise Cura!
J.-D. Nasio

Guimarães Rosa e a Psicanálise
Tania Rivera

A Análise e o Arquivo
Dicionário Amoroso da Psicanálise
Em Defesa da Psicanálise
O Eu Soberano
Freud — Mas Por Que Tanto Ódio?
Lacan, a Despeito de Tudo e de Todos
O Paciente, o Terapeuta e o Estado
A Parte Obscura de Nós Mesmos
Retorno à Questão Judaica
**Sigmund Freud na sua Época
e em Nosso Tempo**
Elisabeth Roudinesco

**O Inconsciente a Céu Aberto
da Psicose**
Colette Soler

1ª EDIÇÃO [2015] 1 reimpressão

ESTA OBRA FOI COMPOSTA POR MARI TABOADA EM DANTE PRO
E IMPRESSA PELA GRÁFICA FORMA CERTA SOBRE PAPEL AVENA
PARA A EDITORA SCHWARCZ EM JUNHO DE 2024

A marca FSC® é a garantia de que a madeira utilizada na fabricação do papel deste livro provém de florestas que foram gerenciadas de maneira ambientalmente correta, socialmente justa e economicamente viável, além de outras fontes de origem controlada.